Einaudi Tascabili. Letteratura
259

Dello stesso autore nel catalogo Einaudi

Creatura di sabbia
Notte fatale
Giorno di silenzio a Tangeri
Le pareti della solitudine
Dove lo Stato non c'è
Lo scrivano
A occhi bassi

Tahar Ben Jelloun
L'amicizia

Traduzione di Egi Volterrani

Einaudi

Titolo originale *La soudure fraternelle*
© 1994 Arléa, Paris

© 1995 Giulio Einaudi editore s. p. a., Torino

ISBN 88-06-13596-1

L'amicizia

L'amicizia è una religione senza Dio né Giudizio finale. E non c'è neppure il diavolo. Una religione che non è estranea all'amore. Ma un amore dove la guerra e l'odio sono proscritti, dove il silenzio è possibile. Potrebbe essere lo stato ideale dell'esistenza. Uno stato tranquillo. Un legame necessario e raro. Non sopporta impurità alcuna. L'altro, di fronte, la persona che si ama, non è solamente uno specchio che riflette, è anche l'altro se stesso sognato.

L'amicizia perfetta dovrebbe essere una sorta di solitudine felice, spurgata dai sentimenti d'angoscia, di rifiuto e di isolamento. Non si tratta di una semplice storia di sdoppiamento nella quale l'immagine di sé sarebbe passata attraverso un filtro, un esame che dovrebbe ingrandire i difetti e le carenze e ridurre le qualità. Lo sguardo dell'amico dovrebbe riconsegnarci la nostra immagine considerata in modo esigente. L'amicizia allora consisterebbe in questa reciprocità senza sfasature, guidata dallo stesso principio di amore: il rispetto che ciascuno deve a se stesso se vuole che gli altri glielo ricambino, naturalmente.

Malintesi consapevolmente intrattenuti, interpretazioni fallaci, appropriazione indebita di un sentimento, errori di valutazione, divergenze di punti di vista, l'amicizia soffre di tutto ciò; è la cosa al mondo peggio compresa. La parola è stata banalizzata. Si dice, per esempio: «Sono amici». Se si guarda un po', si scopre che si tratta semplicemente di colleghi che troviamo simpatici. Si è in effetti cercato di utilizzare parole differenti per le differenti forme di amicizia: cameratismo, relazione, compagnia, ma dobbiamo riconoscere che spesso si parla di amicizia laddove non ci sono che relazioni superficiali, leggere, senza conseguenze.

Per parlare dell'amicizia, non andrò a compulsare opere e testi nelle grandi biblioteche. Ce ne sono di definitivi. Penso in particolare al libro di Cicerone e al capitolo XXVIII degli *Essais* di Montaigne. Farò semplicemente una riflessione su me stesso, un viaggio nella memoria. Vi racconterò le mie storie di amicizia, come storie favolose o banali, sorprendenti o qualsiasi.

Nella mia vita ho seguito il consiglio di Cicerone che ci spinge a porre l'amicizia al di sopra di ogni cosa umana. «In effetti non c'è nulla di più naturale e niente si concilia altrettanto bene con la felicità come con la sventura».

Alla scuola coranica non c'era tempo per farsi degli amici. Ci depositavano al mattino nella piccola moschea del quartiere. Toglievamo le scarpe, ci sedevamo sulle stuoie dure e ripetevamo all'in-

L'AMICIZIA

finito i versetti del giorno. Dovevamo imparare il Corano a memoria. Il maestro – *fqih* – enunciava la prima frase e noi la ripetevamo dopo di lui in coro. Era noioso e faticoso. Che piacere può provare un bambino di cinque anni a imparare a memoria versetti di cui non comprende il senso? Inoltre non avevamo ricreazione. Si andava avanti per tutta la mattina. A mezzogiorno lasciavamo la scuola augurandoci di non tornarci piú. Al pomeriggio ci tornavamo, approfittando della sonnolenza dello *fqih* per dire qualsiasi cosa.

Il mio vicino avrebbe potuto diventare mio amico. Mi teneva un posto accanto a lui e, come me, smaniava d'impazienza all'avvicinarsi del mezzogiorno. Provavamo lo stesso senso di costrizione, ma non osavamo dirlo ai nostri genitori.

Lo *fqih* aveva un bastone abbastanza lungo per svegliare i bambini che si addormentavano in fondo all'aula. Non lo amavamo. Era un brutto vecchio. Aveva una barba chiazzata e sporca. Aveva lo sguardo cattivo. Ci domandavamo perché. In ogni caso a lui non piaceva il mio amico, Hafid, che aveva la testa grossa in modo anormale. Gli rimproverava di non essere come gli altri ragazzi. Non capivo quel suo modo di fare.

Avremmo potuto, Hafid e io, diventare buoni amici se la morte non l'avesse portato via durante l'anno.

Un mattino lo *fqih* non è arrivato. Siamo tornati tutti a casa. Non avevo visto neanche Hafid. Molto presto corse la voce: «Hafid è morto! È stato per via dell'acqua che si è mescolata con il sangue nella sua testa: lo *fqih* è andato a prepararlo per mandarlo in cielo, perché i bambini, quando muoiono, diventano angeli. Non devono passare attraverso il Giudizio finale».

Da quel giorno ho paura degli *fqih* che lavano i morti.

Non volevo che la sua mano toccasse la mia. Evitavo anche di baciargliela, come voleva la regola. Riuscivo a schivarlo, correndo, fino al giorno in cui mi agguantò e mi costrinse a baciargli entrambe le mani, sul palmo e sul dorso. Mi sfregai allora le labbra per portare via l'odore della morte. Ero persuaso che Hafid si fosse beccato la morte come uno si becca il raffreddore perché la mano dello *fqih* si era posata sulla sua testa.

Contavo i giorni che mi separavano dalla scuola, l'altra, quella dove non si impara a memoria, dove ci si diverte durante la ricreazione, dove si ha il tempo di farsi degli amici.

Il mio primo amico aveva un anno piú di me. Non eravamo nella stessa scuola. Ci eravamo incontrati durante l'estate, a Ifrane, dove mia zia aveva una seconda casa (l'estate a Fès è insopportabile). Lui aveva i capelli biondi, era snello ed elegante. Non ricordo piú in quali circostanze ci eravamo conosciuti. Ci ritrovavamo tutti i pomeriggi vicino alla cascata d'acqua sorgente. Seri, parlavamo degli studi, della famiglia e persino

L'AMICIZIA

dell'avvenire della patria, che aveva appena riconquistato l'indipendenza. Eravamo troppo seri e ci comportavamo come i grandi.

All'epoca ero innamorato di una cugina con gli occhi azzurri. Ne parlavamo con distacco. Lui mi diceva: «Non c'è amore se non nel matrimonio, altrimenti è soltanto cinema e decadenza». Bene, la mia passione per il cinema e per le immagini risale appunto a quei giorni.

Se oggi mi ricordo di quell'amicizia è perché fu costruita su una bugia. Pur avendo un anno piú di me, sembrava piú giovane. Io ero appena entrato in sesta. Quando gli ho chiesto che classe faceva mi ha risposto «la quinta», con l'aria di dire «evidentemente». E io, senza riflettere, risposi «anch'io». Ho continuato a mentire per un anno intero. Ci scrivevamo delle lettere. Mi parlava degli autori che leggeva in classe e io mi precipitavo alla biblioteca francese per prendere in prestito i loro libri, cercando di leggerli a mia volta per sostenere la discussione. Due estati piú tardi gli scrissi una lettera dove confessavo la verità. Non riuscivo piú a sopportare gli effetti della mia menzogna. Preferivo sbarazzarmene. Fu la fine di quell'amicizia. Non ho piú ricevuto lettere da lui. Compresi che l'amicizia non sopportava deroghe, nemmeno una piccola bugia d'orgoglio. La lezione si riassumeva cosí: ho perso un amico perché gli ho mentito.

Quella piccola menzogna di un ragazzo di tredici anni mi avrebbe perseguitato per molto tempo, al punto che la verità sarebbe diventata per me una vera e propria religione, con gravi conseguenze. Purtroppo, dire sistematicamente la verità non è sempre auspicabile: non tutte le verità sono buone da dire.

Il mio secondo amico era il contrario di me: giocatore, avventuriero, seduttore, faceva ballare le ragazze in modo meraviglioso. Nourredine era quello che si dice un bel ragazzo, gradevole e leggero. Al liceo era classificato tra gli ultimi. Gli piaceva stare con me perché voleva farmi mollare quell'aria seria e grave e spingermi nel mondo delle frivolezze e delle feste. Entrambi amavamo il cinema. Lui non parlava che degli attori (gli piaceva identificarsi con James Dean o con Errol Flynn), io invece mi interessavo ai registi e ai produttori. Lui diceva: «Ho visto un film di John Wayne». Io: «Ho visto un film di John Ford o di Howard Hawks».

A casa nostra non c'erano sigarette e men che meno alcolici. Neppure si usciva dopo una cert'ora. E al liceo io prendevo le lezioni molto sul serio. Nourredine si divertiva a raccontare le sue serate, vantandosi delle conquiste femminili. Pretendeva di aver sedotto Irene Papas e Dalida che erano di passaggio a Tangeri. Io lo stavo a sentire con invidia. La mia timidezza mi impediva di seguirlo nelle sue sortite. Mentre io le ragazze me le

L'AMICIZIA

sognavo, lui scopriva i loro corpi e collezionava lettere d'amore. Il giorno in cui mi innamorai, lui mi prese in giro. Ferito, scoprii che Nourredine non stava mai a sentire gli altri: aveva bisogno di un uditorio solo per coltivare la sua vanità. Senza litigare presi le distanze da lui, persuaso che l'amicizia non potesse esistere senza disponibilità reciproca. Per tanto tempo avevo ascoltato Nourredine che mi raccontava le sue storie, mentre lui non era capace di dedicare un po' di tempo a colui che considerava un amico.

Oggi Nourredine è un altro uomo: un seduttore affaticato, invecchiato prematuramente. Ci vediamo, per caso, una volta ogni tre o quattro anni. Ci diciamo delle banalità. Ogni volta mi ricorda i tempi in cui lui mi invidiava perché avevo i capelli lunghi e leggevo due romanzi alla settimana.

Nello stesso periodo andavo al cinema con Boubker, un ragazzo piccolo di statura, meticoloso e possessivo. Il suo comportamento mi sembrava strano. Mi faceva un po' paura. Mi parlava di sua madre che suo padre chiudeva in casa. Mi ricordo che non mi invitava mai a casa sua, mentre veniva spesso a casa dei miei.

Un giorno venni a sapere che sua madre era diventata pazza e che lui non se ne era fatto una ragione. Era tirannico. Gli capitava di essere crudele con i gatti. Non mi sentivo a mio agio con lui. Mi terrorizzava. Non era una relazione di amicizia.

Compresi allora che l'amicizia non può fondarsi sulla paura o sulla tirannia. Mi allontanai senza una vera e propria rottura.

Non mi ero sbagliato.
Trent'anni dopo quell'uomo è diventato uno dei pilastri della moschea, un integralista puro e duro. Si è lasciato crescere la barba. Ogni volta che vede una bella ragazza vestita all'europea, invoca i fulmini di Dio.

Se oggi evoco il suo ricordo è perché non mancava di intelligenza e nemmeno di ironia. Le sue manie, le sue angosce e il suo disagio me lo avevano reso simpatico. Bisogna dire che io non ho fatto niente per aiutarlo a uscire da quel lungo tunnel in cui i problemi familiari l'avevano gettato.

Nulla mi predisponeva a diventare amico di Lotfi. Non eravamo dello stesso liceo, non abitavamo nello stesso quartiere e le nostre famiglie non si conoscevano. Lui apparteneva a una vecchia famiglia di Tangeri. Io venivo da Fès, e mio padre non nutriva grandi simpatie per quelli di Tangeri. Li trovava pigri e poco socievoli.

Lotfi amava il jazz e io il cinema. Lui proclamava in ogni occasione la sua passione per i liberi pensatori, come Voltaire o Anatole France, mentre io chiedevo perdono a Dio perché frequentavo un simile individuo. A lui piaceva inventare scherzi e giochi di parole, e io trovavo la cosa di cattivo gusto. Lui proclamava a gran voce quello che pen-

L'AMICIZIA

sava, io invece rivestivo di belle frasi le mie idee. Era spesso senza un quattrino, io un po' meno di lui. Non prendeva sul serio il cinema americano: io facevo dissertazioni su Orson Welles ed ero l'animatore del cineclub di Tangeri, al cinema Roxy. Lui era marxista (una tradizione da un fratello all'altro) e io mi rifugiavo nel romanticismo. Aveva – e ha ancora – il senso dell'umorismo. Io non ne avevo affatto. Era audace; io ero cauto. Faceva ridere le ragazze; io le annoiavo con le mie piccole poesie ridicole.

Malgrado tutte queste differenze, non sentivo Lotfi come il mio contrario. Eravamo differenti, ma «compatibili». Eravamo uno all'ascolto dell'altro. La nostra amicizia è cominciata su un tono leggero. Niente era da considerarsi serio. Si poteva ridere di tutto. Lui non metteva limiti alla derisione. Tutto subiva la sua ironia. Mi piaceva molto quella libertà.

Non mi ha soltanto insegnato ad ascoltare gli altri, ma anche ad apprezzare il jazz.

Ci ritrovavamo a casa di un pianista spagnolo che lavorava al centro culturale americano. Ascoltavamo religiosamente i dischi di Duke Ellington, Count Basie, Miles Davis, Dizzy Gillespie, ecc. Avevamo il nostro club di jazz in casa del signor Abrinès, che aveva rimpiazzato la sua passione per la musica con quella per l'alcool.

Se si trattava di musica, Lotfi diventava serio. Quando il signor Abrinès aveva bevuto troppo andavamo a casa di Lotfi per ascoltare musica classica. Lui conosceva la vita dei grandi compositori e comparava le diverse interpretazioni di quella o di quell'altra sinfonia. Era un autentico melomane: ci intimidiva senza sottolineare la nostra ignoranza. Ci si domandava come avesse potuto imparare tutte quelle cose che noi ignoravamo. I suoi fratelli gli avevano trasmesso l'amore per la musica come gli avevano passato il virus del militantismo.

Ho avuto un'infanzia senza musica.
I miei genitori conoscevano soltanto la musica andalusa che si suonava ai matrimoni. Avevamo un apparecchio radio ma non si ascoltava mai musica jazz. Lotfi metteva a nostra disposizione la discoteca della sua famiglia e dava in tal modo un senso alla nostra relazione.
Cercavo di interessarlo al cinema. Fatica vana. Si annoiava nelle sale buie. Non gli piacevano nemmeno i western – perché gli eroi che ci sono sono sempre belli e buoni, mentre i cattivi sono vigliacchi e brutti. E lui non si trovava bello. Diceva che il cinema impone alla gente questa accoppiata stupida tra bellezza e bontà da una parte, e dall'altra tra bruttezza fisica e cattiveria. Era la cosa che piú rimproverava al cinema. E non aveva torto. Il cinema, soprattutto quello americano, è fondato su questo manicheismo che il grande pubblico applaude e sancisce: l'eroismo deve essere incarnato dalla bellezza; quanto alla vigliaccheria, alla bru-

talità, devono potersi leggere sui lineamenti del volto. E il volto di Lotfi non attirava automaticamente la simpatia.

A quell'epoca, non facevamo attenzione a queste cose. Le ragazze ci schernivano. La sola occasione per fare loro la corte si verificava quando c'era un *surprise-party*, organizzato per lo piú da qualche compagno di classe francese. Noi eravamo invitati raramente. Nourredine era il solo marocchino invitato sistematicamente. Era grande, bello e un eccellente ballerino. Era un divertimento pubblico. E poteva facilmente passare per europeo.

Lotfi e io eravamo due tipi qualunque. Le ragazze non ci notavano. Quelle che ci avvicinavano non ricordavano nemmeno i nostri nomi, o li storpiavano. Lotfi diventava Lofti e io Ta Ar.

Con Lotfi non si parlava di amicizia. Ci si vedeva spesso in gruppo. Si facevano dei pic-nic. Era l'epoca degli amori. Lui elencava i dieci difetti della sua amichetta. Io scrivevo poesie al mio primo amore. Mi ricordo di un tipo, alto e magro, che portava dei jeans aderenti e si faceva chiamare Elvis. Noi lo chiamavamo «Fucile» a causa della sua magrezza, o «quello del Rif» per via delle sue origini. Si vergognava di essere povero e non ci invitava mai a casa sua. Il suo egoismo e la sua avarizia avevano finito per rendercelo infrequentabile. Ma quello che non gli perdonavamo era che si vergognava dei suoi genitori.

Nel gruppo c'era anche Hassan, che sbadigliava durante le lezioni di musica e voleva fare il diplomatico. Era un ragazzo simpatico. Ci faceva ridere con la sua franchezza, le sue espressioni aristocratiche e la sua tendenza alla pigrizia.

Il tempo è il migliore costruttore dell'amicizia. È anche il suo testimone e la sua coscienza. I percorsi si separano, poi si incrociano di nuovo.

Dopo il liceo Lotfi ha fatto studi di economia, poi di turismo. È andato in Francia. Io sono rimasto a Rabat. Ma ben presto una dura prova ci avrebbe riuniti.

Qualche anno prima avevamo messo su un Sindacato degli Studenti aderente all'Unione degli Studenti del Marocco, organizzazione di sinistra, molto politicizzata, che fu all'origine dei sollevamenti di liceali e universitari a Casablanca, a Rabat e in altre città del paese, nel marzo 1965. (Avevamo in quel caso tre anni di anticipo rispetto al maggio 1968 dei francesi, con questa differenza considerevole: i manifestanti marocchini subirono una repressione molto piú dura da parte della polizia e dell'esercito. Ci furono parecchie decine di vittime. Non si seppe mai il numero esatto dei morti e dei feriti).

Alla fine di ottobre dello stesso anno ci fu l'arresto e poi la scomparsa di Mehdi Ben Barka. Un anno dopo fummo chiamati alle armi per il servizio di leva, servizio che non esisteva fino ad allora, ma che il generale Oufkir aveva appena istituito

L'AMICIZIA

per punire i novantacinque membri del Sindacato degli Studenti.

Cosí ci siamo ritrovati, Lotfi e io, nell'estate del '66, alla caserma di El Hajeb dove fummo trattati come prigionieri, come ribelli che bisognava domare e ricondurre nei ranghi. Il senso dell'umorismo di Lotfi, la sua mania di ridere di qualsiasi cosa e di vivere con leggerezza i momenti penosi, mi aiutarono molto a sopportare i primi sei mesi di quella carcerazione mascherata da servizio militare. Per gli altri dodici mesi fummo separati. Lui restò a El Hajeb. Io fui mandato, con altri, alla scuola per sottoufficiali di Ahermoumou, a Nord di Taza – scuola di triste memoria, perché fu da quel posto che partí il comandante Ababou, con un migliaio di soldati, verso Skhirat, per tentare il colpo di Stato del 1971.

Fu il comandante Ababou, insieme con il suo uomo di fiducia, l'aiutante di campo Akka, che ci ricevette a El Hajeb, con la macchinetta tosatrice in mano, per rasarci il cranio. In realtà, fu un caporale che sputava per terra ogni minuto che mi rasò la testa alle due del mattino. Dovevamo essere umiliati, puniti.

Quella prima prova – regalo dei nostri vent'anni – ci permise di conoscerci meglio e soprattutto di arricchire le nostre discussioni sulla cultura, la politica e l'amore con le ragazze.

Usciti dal campo disciplinare, eravamo cambiati. Eravamo maturati durante quei diciotto mesi nel corso dei quali i militari avevano cercato di spezzarci, di farci pagare le nostre scelte di giovani oppositori politici.

Ciascuno per conto suo, avevamo ripreso gli studi. D'estate ci ritrovavamo.

Poi Lotfi lasciò Montpellier per Parigi. Lavorava mentre proseguiva gli studi. Era diventato un militante nel partito comunista. Vendeva agli immigrati il giornale del partito, «Al Moukafih».

Le mie prime poesie furono scritte in quel campo militare. Lotfi non si interessava di poesia. Tutte le nostre discussioni erano politiche. Io scrivevo per «Souffles», la rivista creata dal poeta Abdellatif Laãbi. Il soggiorno forzato nell'esercito mi aveva dato una sorta di patente di «militante di sinistra». In realtà la politica non mi interessava molto. Frequentavo artisti, scrittori, universitari. Un mondo nuovo nel quale scoprivo che l'amicizia, posto che fosse possibile, non era poi cosí facile.

Di quel periodo – la fine degli anni '60 – conservo un'impressione un po' confusa, dove si accumulano illusioni, errori e infatuazioni. Mi ricordo che ero l'amico e il confidente di una studentessa di storia, un po' piú vecchia di me, piccolina, non graziosa ma molto intelligente. Non sopportava di sentire gli uomini parlare delle gambe di Rita Hayworth o di Ava Gardner. Lei aveva le

L'AMICIZIA

gambe corte, ma la cosa non era importante. Mi piaceva la sua compagnia e il modo in cui sapeva ascoltare. Siamo diventati inseparabili. Lei si confidava a me e io le parlavo con assoluta libertà. Era un'amicizia rara. Il giorno in cui lei incontrò il suo futuro marito, cambiò atteggiamento, prese le distanze e cessò di vedermi. Ci rimasi male. Non capivo perché avesse brutalmente interrotto ogni contatto con me. Suo marito – che io stesso le avevo fatto conoscere – si comportò nello stesso modo. Mi dicevo che le persone sono ingrate. Non ho mai avuto una spiegazione con lei. Probabilmente mi ero sbagliato. Non sarebbe stata né la prima, né l'ultima volta.

> Per la maggior parte gli uomini hanno il torto – per non dire l'impudenza – di volere amici migliori di quanto non siano essi stessi, e di pretendere da essi servizi che non sarebbero capaci di dare. Prima di cercare qualcuno che ci assomigli, è meglio intanto essere una persona per bene.
>
> CICERONE

Abdel passa per un intellettuale brillante, un universitario sognatore e un compagno distratto. Per me, che seguivo ogni tanto le sue lezioni di sociologia alla Facoltà di Lettere di Rabat, era prima di tutto uno scrittore. Aveva fatto la tesi sul romanzo maghrebino e pubblicato il suo primo romanzo nella prestigiosa collana «Lettres Nouvelles» diretta da Maurice Nadeau. *La memoire tatouée* è un bel testo. Una autobiografia dolce, amara e scomoda.

È stato il mio primo lettore. La mia stima e la mia ammirazione per lui continuavano a crescere. Sapeva essere disponibile, malgrado il suo tempo fosse prezioso. Aveva le sue abitudini, le sue manie e i suoi umori. Niente di piú umano. Grazie a lui il mio primo testo fu presentato e pubblicato su «Souffles».

I nostri rapporti erano sempre cortesi. I nostri incontri erano rari, ma di una bella intensità. Fu ancora Abdel che mi aiutò a lasciare l'insegnamento e persino a trovare una piccola borsa di studio per andare a Parigi. Ciò vuol dire che devo un certo numero di cose a quell'uomo. Dopo il mio arrivo a Parigi e poi quando François Maspéro – un uomo di qualità – pubblicò la mia seconda raccolta di poesie e Maurice Nadeau accettò di dare alle stampe il mio primo romanzo, pensai spesso ad Abdel. Cercavo di trovare un modo di ringraziarlo e di esprimergli la mia riconoscenza. Il giornale «Le Monde» mi avrebbe dato l'occasione per farlo. François Bott, che mi aveva da poco fatto conoscere Jean-Pierre Péroncel-Hugoz, mi domandò se volevo presentare la poesia marocchina in una pagina di «Le Monde des Livres». Avvertii immediatamente Abdel e gli chiesi un testo. Mi rispose con un certo distacco e con qualche battuta di cattivo gusto. Finalmente, riuscii a montare quella pagina con l'aiuto del poeta André Laude.

Da quel momento avrei dovuto capire che non avevamo la stessa concezione dell'amicizia. Io non feci attenzione a certi particolari, né a certi

L'AMICIZIA

commenti. La mia amicizia per Abdel era totale, sincera e senza secondi fini. Non mi soffermai su piccoli incidenti fatti di insinuazioni, di silenzi o di sottintesi. Su quella pagina di «Le Monde» figuravano Laābi, Nissaboury, Khair-Eddine, Abdel e io. A distanza di tempo, penso che forse voleva quella pagina per sé. Il caso e una forma di ingenuità (della quale sono gran depositario) fecero sí che sei anni dopo gli proponessi due pagine di intervista su «Le Monde» tutte per lui, nella serie «Les grilles du temps» che usciva tutti i lunedí con annuncio in prima pagina.

Lo scontro. In realtà fu un divorzio. Una rottura decisa da lui. Fu lui, in effetti, che prese l'iniziativa di una lettera (aprile 1976) nella quale mi accusava di mimetismo nei suoi confronti, di copiare sistematicamente quello che faceva, di essere amico suo soltanto per interesse. Mi rimproverava di sfruttare la sua amicizia «per fini personali, inquadrati nel piccolo gioco parigino». Ne fui sorpreso e sconvolto. Trovai la lettera insultante, scandalosa e ingiusta. La ricevetti come una pugnalata nello stomaco. Ne soffrii veramente. Lo shock fu cosí forte, cosí violento che mi ci vollero parecchie settimane per riprendermi.

Quella prima ferita nell'amicizia è ancora sentita nella memoria come una piaga, una frattura incomprensibile che non ho mai accettato. Ci ho messo del tempo per ammettere che non conoscevo bene quell'uomo. Mi ero sbagliato e la cosa si era protratta per anni. L'errore era il risultato della mia ingenuità. Lo credevo un amico perché agivo nei suoi confronti con devozione e sincerità. La reciprocità non è sempre automatica in questo genere di relazioni. Non avevamo lo stesso modo di vedere le cose. Ma come avrei potuto saperlo dal momento che non avevamo mai parlato di cosa fosse l'amicizia? Io trovavo normale sacrificare il mio tempo quando lui aveva bisogno di me. Non facevo nessun calcolo. Rispondevo «presente» in qualunque situazione. È quello che io chiamo fedeltà. Non avevo secondi fini. Il mio torto è stato quello di dispensarmi dal farmi delle domande.

Diciassette anni dopo aver ricevuto quella lettera, non capisco ancora cosa abbia motivato quell'aggressione. Mi capita di considerare qualche spiegazione piú o meno plausibile: la gelosia, la rivalità, il rancore, la meschinità (anche i dettagli materiali hanno una loro importanza), l'invidia, l'interesse... Tutto ciò non ha molto a che vedere con l'amicizia, ma basta che uno di questi sentimenti si manifesti perché l'amicizia si offuschi e scompaia.

Quell'uomo complesso rimane per me incomprensibile. Non abbiamo mai avuto spiegazioni sulla nostra rottura. Adesso che ho scritto queste righe, non l'ho fatto a questo scopo. Confido nell'esorcismo della scrittura. Ricordo di avergli scritto una lettera – oggi la trovo ingenua e stupida – dove gli confermavo l'espressione della mia fraternità. All'ingiuria rispondevo con la gentilez-

L'AMICIZIA

za! Ciò non ha fatto altro che rafforzare dentro di me il sentimento di essere stato ingannato e umiliato da un uomo nel quale avevo fiducia. Questo è il tradimento.

> Simili amici ben m'hanno tradito
> che, quando Iddio sí m'ha assalito
>   da ogni parte,
>
> nessun ne vidi in casa mia.
> Il vento, credo, li portò via:
>   l'amore è morto.
>
> RUTEBEUF

Le ferite in amicizia sono inconsolabili.

Il tradimento che si manifesta con il rifiuto o la menzogna, con il rovesciamento della realtà e l'abuso di fiducia, quel tipo di tradimento provoca un male profondo, un male che lentamente travaglia lo spirito e il corpo. Ho fatto strani sogni, incubi; ho cercato nel sonno di estirpare quel male, di rifiutarlo e persino di rispedirlo al mittente. Ma quest'ultimo era fuori portata. Si atteggiava ad amico abusato, derubato, saccheggiato e plagiato.

Il tempo è passato. Non ci vediamo piú. Se ci capita di incontrarci ci diciamo, nell'imbarazzo, delle banalità. Ho saputo un giorno, da un'amica comune, il senso che lui attribuisce a quella rottura: ogni tappa ha i suoi amici; evolvendo si cambia; gli amici dell'adolescenza non sono quelli della maturità.

Come scrive Cicerone,

Non si possono giudicare appieno le amicizie se non quando, con l'età, i caratteri sono forgiati e confermati.

È vero. L'amicizia cambia con il tempo. I suoi cerchi si allargano. Quelli che quando avevamo vent'anni erano nel primo cerchio, si ritrovano, dieci o venti anni piú tardi, allontanati o addirittura dimenticati. E queste trasformazioni avvengono spesso senza tradimenti né drammi.

Tétouan è una città chiusa. Quando sono stato nominato professore di filosofia al liceo Charif Idrissi, ho accettato perché quella città è a un'ora da Tangeri.

Tétouan si trova in una conca circondata di montagne. Quando ci entra il vento, ci resta a girare in tondo perché non trova una via d'uscita. Quando una nuvola sovrasta la città, diventa oscura e pesante: non se ne va piú; si direbbe che è incollata a una parte del cielo e che la sola soluzione per farla muovere sia quella di svuotarla. La pioggia a Tétouan prende subito le dimensioni di una maledizione. Si accanisce sulla città. Ma basta uscire dal centro per ritrovare il cielo azzurro e il sole.

Città prigioniera del vento, della pioggia, del freddo e della melanconia. Città abbandonata, durante l'estate, al sole e alla gente di passaggio. Città che preferisce non aprire né le sue porte né le sue finestre. Propizia alla nevrosi, alla nostalgia malata.

Ci arrivai nell'ottobre del 1968. Ero appena stato liberato dal campo disciplinare e avevo voglia

L'AMICIZIA

di compensare, presto e bene, le frustrazioni accumulate in diciotto mesi di reclusione. Ma Tétouan non mi offriva niente di eccitante. Per fortuna, molto presto incontrai Hassan. Era il custode del liceo. È stato lui che si è prestato a introdurmi presso una o due famiglie tetuanesi e che mi ha aiutato a trovare alloggio. In quella città chi è scapolo è sistematicamente considerato un poco di buono. Nessuno è disposto ad affittargli un appartamento. Senza l'intervento del preside e di due professori del liceo non avrei mai trovato un posto dove abitare. Mi ricordo di una giovane cooperante francese che si era sistemata in albergo. Alcuni genitori dei suoi allievi avevano minacciato di ritirare i figli dal liceo. Era un albergo a ore: il solo che l'avesse accettata e lei non se n'era nemmeno accorta.

Hassan era di alta statura, bianchissimo di pelle, calvo. Parlava a voce bassa per timidezza, ma anche per gioco. Ribelle, non poteva non essere giudicato male da una società tradizionale dove molte cose si facevano di nascosto. Voci persistenti circolano da sempre in quella città: gli uomini di Tétouan sarebbero avari e le donne si amerebbero tra loro. Maldicenze? Forse. Diciamo, piú seriamente, che gli uomini sono parsimoniosi e le loro donne piene di mistero. Fatto sta che in due anni di scuola non ho incontrato nemmeno una donna tetuanese e sono stato invitato in una sola famiglia, quella di un collega professore di arabo: Si Mohamed, uomo raffinato e simpatico. Era il solo a manifestare amicizia per Hassan il marginale. Quell'uomo colto, che parlava solo l'arabo e un po' di spagnolo, ci nascondeva sua moglie. Hassan mi disse che nemmeno lui era mai riuscito a vedere il viso di quella donna. Usciva di rado e non appariva che velata. Una volta all'anno, suo marito la portava in vacanza in Spagna. Dal momento in cui saliva sul traghetto diventava un'altra donna, senza velo né *djellaba*. Gli stranieri potevano ammirare la sua bellezza – non cosí gli amici né i parenti. Bella o no, non doveva scoprire il viso a Tétouan. La cosa non mi stupiva. La città era piccola. La gente pigra e maldicente. Potevo capire il comportamento di Si Mohamed che non aveva nessuna voglia di sconcertare le radicate certezze di persone che, come diceva lui, avevano un dossier su ciascun abitante

Appunto, il dossier di Hassan era brutto: scapolo, bevitore di birra e di vino, corteggiatore di donne straniere, amico di qualche prostituta, spendaccione, generoso e irrispettoso delle buone maniere della città. Lui era davvero tutto quanto si diceva e bisogna ancora aggiungere che Hassan era lucido, curioso degli altri e disposto «a una vita migliore». Quell'uomo, di grande fedeltà, mi aiutava a sopportare il grigiore della città e la ristrettezza mentale dei suoi abitanti. Avevamo una complicità quasi naturale. È stato l'amico di un'epoca. Ci rivediamo, ogni tanto, e rievochia-

L'AMICIZIA

mo con bonomia quegli anni di Tétouan, fatti di tristezza e di rari momenti di gioia.

In quell'epoca andavo spesso a Rabat. La rivista «Souffles» aveva il vento in poppa. Nel Maghreb rappresentava l'avanguardia letteraria. Fu Abdellatif Laãbi, il direttore, che mi diede la prima gioia di scrittore. Vedere per la prima volta il proprio testo pubblicato, il proprio nome stampato e venire a sapere che dei lettori si interessano al tuo lavoro può far girare la testa. Sono debitore a Laãbi di questa gioia, invero narcisistica e ingenua. Laãbi mi incoraggiò a continuare. Se, in seguito, ho pubblicato nelle edizioni Atlantes di Casablanca la mia prima opera, è grazie a questa attenzione amichevole.

Eravamo amici? Non abbiamo avuto il tempo di coltivare quella relazione. Molto presto, l'ideologia si è mescolata alla poesia. Le nostre riunioni di poeti sono diventate riunioni di cellula. La politica aveva invaso la scrittura. Era probabilmente necessario, ma non era quello il luogo. Con Nissaboury, un poeta importante, mi ritirai dal gruppo. Questa rottura assunse un senso drammatico quando, due anni dopo, Laãbi fu arrestato e condannato a dieci anni di prigione per attentato alla sicurezza dello Stato. In realtà, lo incarcerarono per delitto d'opinione.

Nissaboury perdeva sorridendo un dente dopo l'altro e continuava a volgere in riso le cose piú gravi. La sua risata, la sua immaginazione, la sua passione per le donne lo mettevano al riparo da certe deviazioni. La sua angoscia si vedeva, ma sapeva riderne. Quanto alla sua poesia, ha sempre avuto grande vigore, una potenza radicata nella cultura tradizionale, orale e scritta. La poesia non può permettersi l'umorismo. Nissaboury lo sa. Si piega a queste regole e continua a scrivere senza pubblicare. Le edizioni Atlantes hanno stampato la sua prima opera, *Plus haute mémoire*, e le edizioni Shouf *La Mille et Deuxième Nuit*. Due testi superbi che arricchiscono la lingua francese.

Oggi è per me un amico un po' lontano. Un uomo fraterno e buono. Ha rimpiazzato i denti caduti. Ogni volta che ci vediamo scoppia in una risata.

L'anno scolastico 1970-71 fu per me disastroso. Il liceo Mohamed V di Casablanca, dove ero stato trasferito, era il centro di una grande iniziativa contestataria. Gli scioperi studenteschi si succedevano, e la polizia inseguiva gli scioperanti fin nel cortile del liceo. Pensavo, arrivando in quella grande città, di viverci meglio che a Tétouan e di farmi degli amici. In realtà fui acciuffato dalla mia famiglia. Ben presto sospettai un progetto di matrimonio che veniva tramato di nascosto con una delle mie cugine o parenti. Quell'anno mi procurò amarezza e disillusione, sentimenti che mi predisposero alla scrittura – il mio rifugio, il mio spazio di sicurezza. Le parole presero il posto dell'amico che speravo. Quella società piccolo-borghese provocava in me reazioni violente che stupivano tutti. Praticavo abbondantemente la derisione e a poco a poco mi allontanavo dalla famiglia. Conobbi la solitudine, la noia e la stanchezza. Piú che mai, le parole venivano a me. Con le parole vivevo in perfetta armonia. Mi tenevano compagnia, occupavano la mia immaginazione. Mi giocavano anche qualche tiro, ma sempre mi procuravano gioia. Cosí sono nati i miei primi testi in prosa. Le prime pagine di *Harrouda* furono scritte nell'atelier del pittore Chebaa, che aveva aperto uno studio di arredamento. Faceva parte del gruppo di «Souffles». Uomo integro e angosciato, pittore dotato, era preoccupato della collocazione e del ruolo dell'artista nella società. Non aveva tempo da consacrare all'amicizia. Era piuttosto un buon compagno, abbastanza riservato. Anche lui fu poi arrestato e messo in galera per le sue idee.

Nel suo studio incontravo ogni tanto Nissaboury e Mansouri, un altro poeta. Ci si incontrava anche Melehi, che fu legato all'avventura di «Souffles», ma che Laãbi «scomunicò», cosí come Toni, la sua moglie italiana, storica dell'arte e poetessa. Vivendo quei momenti di cameratismo e di conflitti, pensavo ad André Breton e alle sue avventure con i membri della tribú surrealista. C'era qualche cosa di comparabile nella concezione che alcuni membri della rivista avevano dell'appartenenza al gruppo.

Forse è per reazione all'ambiente marocchino – tradizionale o sedicente moderno – che mi piace sviluppare relazioni d'amicizia con donne. Per me è una sfida essenziale. Rispettare una donna vuol dire poter pensare all'amicizia con lei; ciò che non esclude il gioco della seduzione e addirittura, in certi casi, il desiderio e l'amore.

Scoprii quasi subito che Odette dedicava all'amicizia lo stesso culto mio. Lei privilegiava le relazioni d'amicizia con gli uomini. La sua vita amorosa non era invece esibita alla luce del sole. Si indovinava vagamente un rapporto complicato con un uomo che non si vedeva mai. Le piaceva circondarsi di mistero. Rispettavamo quella scelta. Ovviamente, nell'occasione del nostro incontro, ho cercato di sedurla. Fui messo a posto con fermezza e spiritosamente. Tornai alla carica piú volte, e ogni volta fui rinviato ai miei quaderni. Ciò che meglio caratterizza Odette è la disponibilità, la presenza. Lei c'è, fedele, in modo del tutto naturale. Odette ha una eccezionale predisposizione a donare; sa ascoltare, non essere avara del suo tempo, dedicarsi agli altri, essere presente e vigile in qualsiasi posto e in qualsiasi momento. La generosità fa parte del suo modo di stare al mondo. Dà senza aspettarsi niente in cambio. È per questo che è amata da tutti. E la sua amicizia non è esclusiva: sa dividersi tra gli uni e gli altri. Il clan di Odette è ricco e differenziato. Non so se i membri di questo clan sono tutti capaci di altrettanta

L'AMICIZIA

generosità. Siccome non nutre molte illusioni sul mondo e sul genere umano, lei va avanti con una punta di umorismo e di disperazione. Le capita di essere sommersa dalla melanconia o da una profonda tristezza. Allora si rintana, si assenta e non riappare se non dopo aver attraversato il tunnel. La nostra amicizia è maturata in tempi lunghi. In venticinque anni niente di brutto ha potuto metterla in pericolo. Al contrario, con il tempo ci conosciamo meglio e ci piace parlare di tutto, seriamente o superficialmente, andiamo matti per i giochi di parole, adoriamo le storie strampalate, ci piace fumare sigari e bere vini buoni.

A Casablanca, anche quando lei va via, la sua casa resta aperta. Non so se lei vuole bene a tutte le persone che approfittano della sua generosità. La questione per lei non si pone. Le capita persino di farsi in quattro per persone che conosce appena. Si ha un bel cercare una briciola di egoismo o di egocentrismo nel suo comportamento, non la si trova. E questo è particolarmente notevole: non si sforza affatto per essere com'è.

In vita mia, ogni volta che ho avuto bisogno della sua presenza, del suo ascolto o del suo parere, l'ho trovata disponibile o si è resa disponibile.

Qualche volta ci sentiamo imbarazzati perché non sappiamo come farle capire quanto le vogliamo bene. Ci piacerebbe farle sapere che può contare su di noi.

Questa relazione preziosa non lascia senza stupore chi mi frequenta. Siccome non posso dire tutte le volte che per me Odette è come una sorella, dico: «È un'amica e tengo molto a lei».

Nel 1974 ho conosciuto Leïla, una bella palestinese venuta a Parigi per i suoi studi e mi sono innamorato della sua migliore amica. Per qualche tempo ne ero esaltato: due belle donne. Con Leïla si è sviluppata un'amicizia di grande qualità; con Dima ci fu una storia di desiderio e di amore che sarebbe durata cinque anni, fino a diventare un'amicizia amorosa. Con Leïla, anche se le esigenze della politica facevano sí che non ci vedessimo molto spesso, la relazione fu sempre bella, senza ambiguità e soprattutto di grande sincerità, di grande rigore. Come nel caso di Odette, sono fiero di questa amicizia.

Leïla è un turbine di generosità, di intelligenza e di immaginazione. Ama la vita con passione, è curiosa di ogni cosa, dei luoghi come delle persone. Sa arricchire le sue relazioni di amicizia perché la sua generosità è contagiosa. In vent'anni, tra noi, non c'è mai stato un passo falso, né alcun incidente. Il suo amore per la vita e per la gente la rende ottimista. Le piace ridere, costruire, sognare e anche analizzare la realtà. Come a tutte le persone sensibili, le capitano periodi di depressione. Allora è prostrata, si assenta per il tempo necessario perché passi il momento brutto. Ci tiene a mostrare agli altri solo il volto dell'allegria, cioè quell'ottimismo che sostiene le sue lotte e le sue battaglie.

L'AMICIZIA

Gli occhi di Leïla sono pieni di luce. Il suo modo di vivere è un regalo della sua bontà. La sua amicizia è bellissima.

La mia passione per l'amicizia non si accontenta di coltivare egoisticamente le mie relazioni. Quello che mi piace, piú di tutto, è far nascere l'amicizia tra amici diversi. Non è sempre possibile, ma bene o male ci riesco.

Un giorno, eravamo una decina di amici riuniti a casa di uno di noi, quando François ebbe questa battuta su di me: «Ecco nostro nonno... senza di lui non saremmo qui!»

È chiaro che questa mania che ho di stabilire contatti deriva dal mio prudente ottimismo: mi piace condividere, comunicare. Cosa c'è di piú bello che una riunione di amici veri intorno a una buona tavola? È il miele della vita. Sono felice quando vedo contenti quelli che amo. Nell'amicizia non bisogna che sorga mai lo spettro della guerra, e neppure quello della rivalità o del tradimento. Quando un'amicizia è sfregiata, non c'è niente che possa ricostituirla. Mentre le ferite d'amore – quelle del desiderio, della sessualità – possono cicatrizzarsi, quelle dell'amicizia sono definitive, eterne.

Prima di incontrare Leïla avevo conosciuto Edmond e Marie-Cécile.

Ebreo marocchino, Edmond è stato uno dei membri piú importanti del Partito comunista del

Marocco. Per molto tempo ne era stato un militante clandestino e, nel marzo del 1965, al momento del sollevamento dei liceali e degli studenti universitari di Rabat e di Casablanca, fu arrestato per qualche giorno. Fu allora che decise per l'esilio in Francia. (Ha raccontato questo itinerario in un testo molto bello, *Parcours immobile*, edito da Maspéro nel 1980).

Edmond è un patriarca dell'amicizia. Dedica all'amicizia un culto che non esclude né possessività, né celebrazione. I suoi amici costituiscono il suo patrimonio: l'amicizia che lui ha per loro è un dono intero. E tutto accade intorno alla tavola. Il pranzo in comune è essenziale; ancor piú dal momento che Edmond è un ottimo cuoco. Mangiar bene, bevendo buoni vini, sotto il segno dell'umorismo e della risata, ecco come Edmond cucina la sua amicizia. È resa vivace da spezie ricercate e rare, annaffiata da vini d'annata e presentata con semplicità: l'affetto sta a fior di pelle. Quello che conta è vedersi, parlarsi, raccontarsi il piú spesso possibile. A Edmond non piace l'assenza, e tanto meno gli incontri mancati. Se il ritmo delle visite rallenta, ne è rattristato, e lo fa vedere.

È un'amicizia molto marocchina, cioè ghiotta e possessiva. «Se non finisci il piatto che ho preparato per te vuol dire che mi ami di meno. Se non hai appetito, è perché non mi vuoi piú bene». È un po' schematico, ma è cosí che le relazioni tra Edmond e i suoi amici passano attraverso il rituale della tavola. E non è per farmi dispetto, al contrario.

L'AMICIZIA

Molto presto ho capito che non dovevo estendere al resto della famiglia la qualità della nostra relazione. Con suo fratello Hervé, fin dal principio, le cose sono state molto chiare. Anche se, con il tempo, ho trovato in Hervé un confidente e un consigliere attento. Curiosamente, d'altra parte, mi lasciavo andare piú facilmente con Hervé – che è poi diventato mio amico «d'acquisto» – piuttosto che con Edmond. Non so se fosse per pudore o per paura che, da parte sua, all'ascolto seguisse un lungo silenzio.

Edmond è molto sensibile alla bellezza delle donne. Le ama tutte. Gli piace molto averle alla sua tavola e farle ridere. Tutte le mie amiche sono diventate amiche sue. Tutte amano in lui il patriarca, l'uomo innamorato, l'amico disponibile.

Con il tempo la nostra amicizia ha avuto un'evoluzione. Non ha perso né di intensità, né di qualità, ma è diventata piú calma. Bisogna dire che all'inizio del nostro rapporto io ero piú disponibile di quanto non possa esserlo adesso, vent'anni dopo. Ma penso spesso a lui.

Da quando si è messo a scrivere, la nostra relazione si è anche modificata. Ha acquisito spessore. Ho molto amato i suoi primi libri. Li leggevo sul manoscritto molto seriamente, con la matita in mano, proprio come io vorrei che i miei amici mi leggessero, cioè senza nessuna compiacenza. Gli facevo presente i miei rilievi, lui li stava a sentire, qualcuno lo apprezzava, altri no. L'importante era che attraverso la scrittura il nostro legame si arricchisse.

Considero che un amico non possa mentire, far finta, e che invece parli con tutta la sincerità e la franchezza che l'amicizia vera pretende. Questo secondo me si deve esigere da un amico: che dica quello che pensa senza, ovviamente, ferire.

Testimone prezioso e raro di un'epoca e di situazioni ormai concluse, Edmond ha sempre messo avanti le sue radici marocchine di ebreo arabo. È addirittura l'esempio stesso di quella simbiosi culturale tra due società, tra due mondi che vivono sotto lo stesso tetto e si nutrono delle stesse tradizioni. Ama il suo paese, il Marocco, con una passione che lascia piú spazio alla critica che a una certa lucidità. È un amore forte e commovente. Edmond ha bisogno di un rapporto cosí, che lo rinvigorisce e consolida la sua memoria.

Ho presentato i miei amici a Edmond. È per me una mania tenace, che mi permette di condividere il calore dell'amicizia. Tutti ne sono rimasti affascinati e sono entrati a far parte della sua cerchia. Tutti, salvo uno: Jean Genet. Eppure ero cosí contento di presentare Edmond a Genet. Sapevo che l'incontro poteva essere un fiasco. Conoscevo bene il carattere imprevedibile e talvolta ingiusto di Genet. Era stato molto contento che gli avessi fatto conoscere Leïla – e si avrebbe torto a ricondurre la gioia di Genet al solo fatto che Leïla è palestinese: Leïla è un'intelligenza eccezionale e una persona di grandi qualità.

Con Edmond è andato tutto male.

Primo errore: Edmond aveva preparato un pranzo sontuoso. Genet, negli ultimi anni della sua vita, non voleva piú farsi curare i denti. Aveva rinunciato a qualsiasi cibo solido. Si accontentava di purea, di un bicchiere di latte o, piú raramente, di pasticcio di patate passate e carne trita. Dunque Genet non fece onore ai piatti preparati da Edmond né al suo vino buonissimo: preferiva la birra.

Secondo errore: Edmond fece vedere a Genet un articolo che aveva scritto su «Les Temps modernes» sul Marocco, nel quale, tra l'altro, sottolineava l'importanza della cucina marocchina.

Genet mi avrebbe detto qualche tempo dopo che Edmond confondeva ogni cosa. Quando ho insistito sul sostegno che Edmond dava alla causa dei palestinesi, sperando cosí di domare l'intrattabile Genet – in realtà mendicando la sua indulgenza – mi rispose con tono altrettanto ingiusto quanto definitivo: «Non è un traditore! Se un ebreo passa dalla parte dei palestinesi, non basta che lo dica, bisogna anche che tradisca il suo clan!» Ancora, in un'altra occasione, mi avrebbe fatto lo stesso discorso nei confronti di Abraham Serfaty, allora in carcere.

Jean Genet non aveva proprio il senso dell'amicizia. Credeva piú nel tradimento che nella fedeltà. Ho capito, un po' tardi, che per lui l'amicizia aveva poca importanza. Credeva nell'amore. Diceva che l'amicizia è come la fraternità: qualche cosa di ordinario alla quale si può non dare peso. Eppure, quale fu il sentimento che lo spinse verso persone cosí diverse, come Jean Cocteau, Sartre, Maria Casarès, Nicos Papatakis, Monica Lange, Juan Goytisolo, Leïla Shahid e me?

Provava amicizia per me? Non so proprio bene perché mi cercasse, perché passassimo intere giornate a discutere.

C'era senza dubbio la questione palestinese, poi la lotta contro il razzismo: battaglie che allora mi impegnavano. Quando spariva per molti mesi, non cercavo mai di ritrovarlo. Aspettavo la sua riapparizione. Una volta avevo traslocato durante i suoi mesi di assenza. Gli mandai il mio nuovo indirizzo presso l'editore Gallimard, all'attenzione di Laurent Boyer, e attesi che si manifestasse. Dava l'impressione di non avere bisogno di nessuno. Uomo libero, uomo disponibile, senza bagaglio, senza fissa dimora, senza indirizzo fiscale, viaggiava con le mani in tasca, con qualche biglietto nascosto nella fodera del suo giubbotto di pelle di daino.

Trovavo quella libertà molto seducente. Sognavo persino di viaggiare cosí leggero, come lui. Non sono mai riuscito a staccarmi da tutto quello che ingombra la mia vita.

Una volta soltanto, ho sentito che aveva bisogno di me. (Non parlo di quando dovevo aiutare il suo amico Mohamed a risolvere questa o quella pratica amministrativa; e non parlo nemmeno di quella volta che Genet mi ha chiesto di fare venire da Rabat un ministro, o non so quale grosso personaggio politico, fino a Larrache per intimidire i vicini di casa di Mohamed i quali, gelosi della sua fortuna (?), gettavano immondizia sulla sua terrazza). Voglio invece rievocare la storia dell'articolo *Violenza e brutalità*, prefazione di un libro sulla banda di Baader, pubblicato sulla prima pagina di «Le Monde». L'articolo non approvava apertamente l'attivismo di Baader, ma spiegava l'origine e il senso di quella violenza, e aveva provocato l'ultimo grande scandalo nella vita di Genet (nessuno scrittore, poi, è mai riuscito a scuotere cosí fortemente il mondo politico attraverso i mezzi di comunicazione). Fu attaccato da ogni parte. Vedendolo ogni giorno abbattuto e solo di fronte a tutta la stampa europea, scrissi un breve testo nel quale prendevo le sue difese: *Per Jean Genet*. Prima di proporlo a «Le Monde» glielo feci vedere, pensando che mi avrebbe impedito di pubblicarlo. Dopo averlo letto, mi disse con voce soave, come per chiedere un favore: «Cerca di pubblicarlo. Tutti quei professori, quegli storici, tutti questi giornalisti che mi attaccano hanno, dietro di sé, istituzioni che li proteggono. Io non ho nessuno dietro di me».

Provavo amicizia per lui o semplicemente ammirazione e riconoscenza? Per lui ero un amico? Forse. In certi momenti. D'altra parte, un episodio mi porta a credere che ci fosse dell'amicizia tra noi. Un giorno, al mattino prestissimo (andava a dormire verso le sei del pomeriggio con due Nembutal e si svegliava verso le cinque del mattino), mi chiama per chiedermi di andare da lui. Aveva la voce piú roca del solito. Quando mi trovai seduto sulla poltrona rossa – lui mezzo sdraiato sul letto dove una cicca aveva fatto un buco – mi disse: «Sai tenere un segreto?» Ero lusingato e annuii con la testa. Proseguí: «Adesso ti dico una cosa ma non voglio che si sappia: ho un cancro. Ci sono soltanto quattro persone che lo sanno: Claude (Gallimard), Jacky, Mohamed e tu. Non voglio che la stampa mi rompa le scatole. Se ti chiedono notizie della mia salute, dirai che è buona. E poi, non sono mica malato. Vuoi la prova? Fumo Gitanes!»

Era un uomo esigente. E Abdallah («Il funambolo») pagò con la vita quell'eccesso di esigenza. Per un po', dava l'impressione di esserti amico. Ma in realtà, niente era definitivo.

Le testimonianze di Nicos Papatakis, di Monica Lange e di Juan Goytisolo confermano l'idea che Genet volesse ignorare la forza dell'amicizia. Penso di aver avuto questa fortuna: che non mi scartasse dalle sue frequentazioni. Verso la fine della vita, non vedeva altri che Leïla. Fu senza

L'AMICIZIA

dubbio una bella amicizia, con la Palestina come sfondo, o meglio: come luogo e legame di quella relazione. Le rare volte in cui abbiamo affrontato i problemi della scrittura, mi ha dato un solo consiglio: quando scrivi, pensa al lettore, sii semplice. Mi ha insegnato che la semplicità è segno di maturità.

L'esigenza e il rigore: è quanto caratterizza l'amicizia con François. Con lui ho imparato a stare attento. In questo caso è essenziale. Si ha generalmente la tendenza a lasciarsi andare tra amici. Non è il caso di sforzarsi. Per François l'amicizia è un valore troppo raro, troppo prezioso per poterne fare mercato e trattarla male con atteggiamenti troppo disinvolti o semplicemente trascurati.

La nostra relazione si è dapprima nutrita di scambi letterari. Leggevamo reciprocamente le nostre cose, e soprattutto discutevamo molto sulla scrittura, sulle nostre disillusioni, sulla poesia e anche sul suo lavoro quotidiano che, per un poeta come lui che amava il football, il vino, le passeggiate e scrivere, era davvero una sofferenza.

Fu tra le prime persone che conobbi quando arrivai a Parigi nel 1971. Ci volle del tempo perché tra noi si instaurasse l'amicizia. Mi fece conoscere la sua famiglia. Sua moglie Danièle che diventò anche lei mia amica, ma su un altro piano. Lei è la mia confidente e la mia consigliera. Mi piace la sua vivacità, il suo dinamismo, mi piacciono le sue intuizioni azzeccate. Con lei mi piace parlare di tutto; fare il punto, come si dice, passare in rivista la situazione dei rapporti tra quelli che ci sono vicini, commentare l'attualità in ciò che ha di grottesco o di semplicemente banale. Lei è una passionaria dell'amicizia. È pronta a qualsiasi cosa per difendere le persone che ama. Ci si sente protetti quando si ha la fortuna di far parte della sua «tribú».

Mi piace molto vederli tutti e due insieme, ma mi fa altrettanto piacere incontrarli uno per volta. Anche Paule, la migliore amica di Danièle, è diventata mia amica. Una donna bella, intelligente, sfuggita fortunosamente a due prove tragiche. È forse per questo motivo che chiama «tesoro» Andrea, il suo compagno. In ogni caso è lei un tesoro di capacità d'ascolto e di presenza. Mi piace parlare con lei di cose gravi e anche di futilità. Ognuno dei nostri incontri è un momento di gioia interiore, serena e tranquillizzante. Mi piace la sua voce, mi piace la sua fantasia.

Mi ricordo di averla vista ferita un giorno perché François le aveva tolto la sua amicizia a causa di un malinteso nel quale le parole erano state assassine. Ci sono voluti due o tre anni buoni perché avvenisse la rinconciliazione. François è rigido. È un uomo di principi che attribuisce tutto il loro peso ai valori che difende. Questi valori sono la fedeltà e la fiducia. Se per disgrazia – e anche se si tratta di un malinteso – pensa che siano stati traditi, rompe.

Nessuna nuvola è mai venuta a turbare la nostra amicizia. Salvo forse una volta, per un malinteso, la storia di un articolo non uscito o qualcosa del genere, ma senza nessuna grave conseguenza. Ho sempre rispettato il modo di vivere di François. Ha le sue abitudini. Non mi sono mai permesso di criticarle se non scherzando. Detesta essere disturbato mentre scrive o mentre segue un incontro di calcio. Guai a chi osa telefonargli durante una partita. Eppure gli piace scherzare e ridere: con lui si può ridere di tutto.

Mi ha aiutato molto e sempre con molta discrezione. Fine, sottile, elegante, è un uomo fedele. Ma attenzione! Nessun passo falso, nessun tradimento, altrimenti è la rottura, brutale e definitiva. Considera intollerabili le ferite per amicizia. Ricevette un giorno una lettera da un amico d'infanzia che protestava perché nelle pagine di «Le Monde» il suo romanzo non era stato trattato come aveva sperato. (D'altra parte anch'io ricevetti la mia lettera di insulti – ero stato io a scrivere l'articolo in questione – ma l'autore del libro ce l'aveva piú con François che con me). La rottura fu rapida e senza appello. Trentacinque anni di amicizia andati in fumo perché non si sono cantate le lodi di un libro! Dà l'idea dell'accecamento che può provocare il narcisismo letterario.

François ha sempre rifiutato ogni compiacenza, ogni compromesso, quelle forme che si avvicinano al «lasciar correre». Alcuni suoi amici lo trovano troppo esigente. Per me è quanto c'è di meglio nel suo carattere. So che il giorno in cui lo dovessi chiamare, ci sarà. Questa è l'amicizia.

Per tutti gli anni durante i quali ha diretto «Le Monde des Livres», ha dovuto spesso resistere a ogni sorta di pressioni. L'ha fatto sempre con rigore e fermezza. E questo gli ha fatto perdere alcuni dei suoi amici – o per lo meno di quelli che pensava fossero suoi amici. Aveva un bello spiegare che l'amicizia, quando diventa interessata, cessa di essere quello che deve essere, e che non bisogna darle un valore di mercato: restava incompreso. «Allora tanto peggio, – si diceva. – Se l'amicizia si regge a un filo soltanto, e quello cede, vuol dire che non aveva ragione di esistere».

Jo applica lo stesso rigore al suo lavoro. E ho capito quanto la *pariginità* potesse infastidire e contrariare François – che passava il tempo a resisterle – il giorno in cui ho visto Jo vittima di una campagna di diffamazione organizzata da qualche autore irritato. Mi piaccciono i modi diretti e chiari di Jo. È passionale nel suo lavoro come nell'amicizia: rivendica trasparenza e franchezza. Mi piaccciono i suoi slanci di cuore e le sue collere improvvise. Affronta l'assedio della mediocrità che le sta intorno con coraggio e serenità.

Mi piace pranzare con François, noi due soli. Mi piace fare con lui un giro d'orizzonte di tutto quello che ci riguarda. Mi piaccciono le sue analisi. Raramente dà qualche consiglio, ma lascia capire quali sono le sue preferenze. Mi capita di rammaricarmi del fatto che non ci si veda piú spesso. Pri-

L'AMICIZIA

ma, quando lavorava a «Le Monde», bastava passare da lui per salutarlo e prendere un appuntamento. Oggi lavora a casa sua. Non gli piace rispondere al telefono. Riusciamo comunque a incontrarci. Scherzando un giorno gli ho detto: «Se continua cosí, la nostra amicizia diventerà platonica!» Ma qualunque sia l'intervallo tra due incontri a pranzo, ci ritroviamo con immutato piacere e con la stessa fedeltà. Infine devo a François di avere incontrato Pierre Viansson-Ponté, troppo presto scomparso, che fu per me un maestro, non solo un amico.

> Senza virtú non c'è amicizia possibile.
> In ogni occasione è importante riflettere su ciò che ci si aspetta da un amico e su quanto si è disposti a dargli.
>
> CICERONE

Fetah è proprio il contrario di François. Ha una concezione dell'amicizia diametralmente opposta alla sua.

Fetah è un essere che non ha proprio la passione del rigore. Ha il senso della famiglia, delle radici, e delle tradizioni. Quanto ai modi che usa con gli amici, sono piuttosto dettati dal senso della famiglia, dai rapporti di clan, che non dal senso dell'amicizia. Tutto è tenuto insieme dall'affetto, dall'iperemotività, con i loro effetti molto spesso sproporzionati, magniloquenti o semplicemente fuori luogo.

Con Fetah le nostre relazioni sono state un susseguirsi di malintesi. Quando si stabilisce un legame con qualcuno si scommette su un'intesa, su uno scambio che possa costituire per entrambi un arricchimento. Si parte con l'ottimismo e il cuore in mano. La prova consiste nel non lasciarsi sviare da quei buoni propositi. Come nella vita di coppia le divergenze di fondo vengono fuori sulla distanza.

Molto tempo fa il poeta Abderrahman Al Majdoub ha detto:

> Soltanto le donne e il denaro possono separare gli amici.

Quanto a me, aggiungerei un altro fattore di discordia: la politica. (Sono stato amico di Mohamed B. fino al giorno in cui ha scoperto il potere con i suoi intrallazzi, le sue menzogne e le sue vanità. La politica snatura e rovina l'amicizia. Quella che chiamano «amicizia politica» spesso non è altro che un incontro di interessi).

Con Fetah non ci sono state storie di donne, c'è stata una questione di denaro: un debito consistente che non ha saputo onorare alla scadenza secondo le sue promesse. E ciò che ha posto termine al nostro rapporto non è stato tanto il denaro quanto il modo in cui è stata utilizzata l'amicizia, come uno schermo dell'affetto, una specie di ricatto alla fraternità ferita e incompresa.

Può capitare al miglior amico del mondo di aver difficoltà a rimborsare un debito. Tutto dipende dalla forma che assume il problema. Fetah si diceva: «È un amico, dovrebbe capire e non chiedermi quel denaro». Da parte mia, pensavo: «È un amico, dovrebbe fare ancora piú attenzione a tener conto dei disagi gravi che questa situazione mi procura».

Storia complicata. Brutto affare. Disinganno. Incomprensione. E fu la rottura con un uomo vittima della sua mancanza di rigore, delle sue incoerenze, vittima dei suoi errori. Perché Fetah è sincero e pieno di fiducia. Non pensava di fare del male. D'altra parte non ho mai dubitato della sua buona fede. Per contro, ho criticato il suo modo di concepire l'amicizia. La relazione con Fetah, in principio piena di sollecitudini e di dimostrazioni di fedeltà, è sprofondata in un immenso rimpianto. Le nostre divergenze non erano superficiali. Il problema del debito le ha fatte venir fuori e crescere. A ben pensare, avevamo poche cose in comune. Era molto disponibile, medico diligente quando i miei genitori lo chiamavano, attento e generoso. Potevo contare su di lui. La nostra amicizia si basava su un terreno affettivo e familiare, dove ci si poteva permettere qualsiasi cosa. Ma la confusione tra amicizia e relazioni familiari è un errore fondamentale.

Non è escluso che torniamo ad essere amici, anche se i malintesi si sono accumulati senza trovare spiegazioni. La situazione non è ancora risanata. Un giorno, forse, le cose torneranno al loro posto.

Mi capita spesso di allontanarmi dai miei per stare un po' con gli amici. Me lo rimproverano spesso. Ma se preferisco un amico a un cugino è perché il primo me lo sono scelto secondo le mie affinità e il mio gusto. Il membro della famiglia, invece, ci è imposto. Stabilire una relazione di amicizia con lui non è cosa facile.

Roland non ha il senso della famiglia. Non gli piacciono i bambini e nemmeno il matrimonio. È uno spirito libero e brillante. Il suo senso dell'umorismo è vivo cosí come lui è pronto nella battuta. Gli piacciono le ragazze (gli piace circondarsi di ragazze orientali), e poi la piscina, il ping-pong, il succo di pompelmo, i fotoromanzi, i libri di Stefan Zweig, la misoginia di Otto Weininger – che si è suicidato a ventitre anni sparandosi al cuore nella casa di Beethoven –, la grazia di Louise Brooks, il cinema americano degli anni Cinquanta, le passeggiate ai giardini del Luxembourg, i soggiorni negli alberghi di lusso, il gioco degli scacchi e la torta di susine. Detesta gli avocado, il campeggio, le donne incinte, Lacan e i suoi emuli, le illusioni e gli slogan. Detesta cenare tardi o render visita a qualcuno. Gestisce la sua ipocondria con pazienza e coraggio. Ha deciso di non «arrivare alla vecchiaia» e ha programmato con calma il suo suicidio. Ha denunciato lo spirito retrogrado dei medici europei che rifiutano di aiutare a morire quelli che soffrono atrocemente. Non si fa illusioni sul genere umano. Prova amicizia per Cioran e per François. Anche lui è stato tradito da un amico e ne ha sofferto.

L'AMICIZIA

Roland ha un posto a sé nella mia vita. Tra i miei amici non è quello che frequento di piú. Ci telefoniamo spesso. Ci piace vederci una o due volte al mese.

Ci consigliamo volentieri libri e film. Ci divertiamo molto a ridere di quelli che si prendono sul serio. Per me è un buon analista e un buon consigliere. Gli manca senza dubbio l'esperienza della vita di famiglia, con moglie e figli, e questo ogni tanto viene fuori nel suo modo di essere.

Roland è svizzero. Ed è da qualcuno considerato come un traditore del suo paese d'origine. Ha scritto, a proposito della Svizzera, *L'Exil intérieur*. È stato lui a lanciare il libro di Zorn, *Mars*.

Il suo spirito libero è risolutamente giovane. È ad un tempo canzonatore e fedele. Questa è la sua qualità che preferisco.

Da Egi la fedeltà è a tutta prova. L'amicizia non è detta, è vissuta. È presenza. Egi diffida delle parole. Preferisce i funghi, il vino e i liquori. Architetto, pittore, scrittore, traduttore, è anche un uomo d'azione.

La sua casa è sempre aperta. Non ha uno studio, e tutti i tavoli della casa gli servono per scrivere, leggere o disegnare. Giornali, lettere mai aperte, materiale pubblicitario di ogni genere, blocchi di carta, manoscritti, libri aperti, penne stilografiche, agende, matite colorate, tubetti di colore, fazzoletti nuovi, la guida telefonica di Torino, una scatola di biglietti da visita, degli astucci per occhiali, delle stringhe, uno spazzolino da denti, un piatto, un bicchiere, un pacco di pasta, un barattolo di conserva di pomodoro, e un po' di polvere..., ecco cosa si trova sui tavoli di Egi, tanto in soggiorno quanto nella stanza da pranzo. Tutto ciò gli assomiglia perfettamente. Quel disordine gli sta bene. La sua vita è divorata da quel disordine. Lui lo sa. Non ci può fare niente. Il telefono non smette di suonare. La segreteria registra. Egi ascolta, poi alza la cornetta; ha in mano un cucchiaio di legno. Sta cucinando. Tutti gli vogliono bene. Le donne ne subiscono il fascino. Lui le ama, d'amore e di amicizia. I suoi figli sono suoi amici. Suo figlio Otto lo tratta come se fosse lui il padre. Egi è un fiume di amicizia. Ha dei rapporti surrealisti con il denaro. Incapace di organizzarsi, gli capita di non sapere come farsi pagare, o come rimborsare qualche debito. Uomo di cultura varia, conosce una quantità enorme di opere letterarie, musicali, pittoriche, architettoniche. Ha nozioni particolari in botanica, conosce quasi tutti i nomi delle piante, delle verdure e della frutta, dei fiori. Può parlare per ore di tutte le varietà di pesci. E tutto questo fa di lui un cuoco eccellente.

Esprime l'amicizia a modo suo: una generosità eccezionale. Mi capita qualche volta di provare vergogna: do talmente poco rispetto a tutto quello che dà lui. È stato Egi che non solo ha introdotto e tradotto i miei libri in Italia, ma mi ha anche aperto le porte essenziali di quel paese. Mi ha fatto scoprire parecchie regioni, mi ha presentato ai

L'AMICIZIA

suoi amici e alle sue donne, e persino ai suoi avversari.

Quando viene a Parigi o a Tangeri porta con sé tutto il necessario per preparare da mangiare. La tavola per lui è una festa.

La sua amicizia non ha lo stesso disordine della sua casa. È per lui un fatto primordiale. Quest'uomo che dorme poco e lavora molto – in campi molto differenti – è un essere magnifico. Un po' timido, può sembrare dispersivo – e in effetti lo è, ma riesce a conciliare cose tra loro diversissime –, Egi non sa cosa sia il rancore, né lo spirito di vendetta. Dà senza contare. Divide con gli altri quello che ha, tenendo per sé la sofferenza, la sua angoscia e anche i suoi motivi di tristezza. Anche malato non si lamenta. Sta a sentire tutti – tranne quelli che gli raccomandano di bere meno e di mangiare piú sobriamente. Non gli piace che si lavino i piatti a casa sua. È una corvée alla quale si dedica quando gli invitati sono andati via. Sempre pronto ad aiutare gli altri, non chiede mai di essere aiutato. È il contrario di un egoista, il nemico della meschinità, l'amico delle risate.

Era l'anno del mio premio Goncourt. Ci siamo incontrati per via della traduzione. Mi aveva invitato a casa sua. Aveva preparato una decina di piatti e aperto in onor mio una dozzina di bottiglie molto buone. C'erano anche degli amici giornalisti. E io, impressionato da quell'accoglienza, ne ebbi l'appetito bloccato. Mi venne persino un po' di nausea, e ciò mi impedí di fare onore a tutti i piatti. Credo che ci sia rimasto male. Non me ne ha mai parlato, ma io, ripensando a quella prima serata a casa sua, mi vergogno.

Oggi ci conosciamo benissimo. L'occasione di approfondire la nostra amicizia ci è stata offerta da un viaggio che abbiamo fatto a Napoli e in Sicilia per un'indagine sulla camorra e sulla mafia. Abbiamo lavorato insieme per molti mesi. Da allora si può dire che la nostra amicizia ha basi solide. Lui mi conosce meglio di quanto io conosca lui. È molto riservato. Parla di sé molto raramente. Talvolta bisogna insistere, fare molte domande per sapere qualcosa della sua vita. È un uomo discreto, interamente disponibile verso gli altri.

Lotfi, l'amico dell'adolescenza, quello che mi ha fatto scoprire il jazz, il marxismo e il senso dell'umorismo, ha seguito un percorso diversissimo dal mio. Ha cambiato molte volte occupazione, lavorato in banca, nei trasporti, nell'industria e nel turismo. Come dice lui, è offeso con il denaro. Gli manca un po' di elasticità sul modo di affrontare il lavoro. Ciò che lo salva è l'ironia, l'umorismo e la capacità di derisione. Siamo rimasti per anni senza vederci, non perché lo avessimo deciso, ma per via di condizionamenti professionali. Ci tenevamo vagamente al corrente su quello che stavamo facendo. Avevo tuttavia la certezza che ci saremmo ritrovati, un giorno o l'altro.

L'AMICIZIA

Lui ha avuto momenti molto difficili sul piano professionale. Non ne ho saputo niente. Solo molto tempo dopo me ne avrebbe parlato, confessandomi allora che mai avrebbe potuto importunare un amico con lo scopo di averne un aiuto.

Da quando si è stabilito a Tangeri, ci siamo ritrovati con la qualità di rapporti che deriva dalla maturità e dal tempo. Uomo integro, si propone di provare che in Marocco ci si può affermare con serietà ed evitando la corruzione.

Parlando di lui dico volentieri che è il mio amico d'infanzia. Forse è un'espressione abusata, ma nel nostro caso ha un senso profondo. L'infanzia e l'adolescenza non assicurano automaticamente un marchio di qualità all'amicizia. Il tempo può essere importante, ma non è sufficiente. Sono le prove della vita che formano le relazioni, nel bene e nel male. L'ideale sarebbe quello di arrivare a un tale grado di lealtà e di fedeltà da rendere superfluo ogni commento. Io ci sono rimasto male per il fatto che lui non abbia cercato di incontrarmi quando era nei guai. E tuttavia rispetto i suoi scrupoli.

L'amico è colui che si può scomodare? Sí, soprattutto se può essere utile.

Oggi tra noi il dialogo è totale e permanente. Parliamo di tutto. Ci piace scambiare le nostre idee. Cerchiamo di affrontare i problemi con una solidarietà seria, senza riserve mentali, perché abbiamo fiducia reciproca.

Lotfi si è messo a scrivere. Le sue cronache della società marocchina dimostrano un'intelligenza e un'originalità rara. Inoltre sono percorse da un umorismo vivace e incisivo. Lo incoraggio attivamente a perseverare su questa strada, a continuare a passare il suo sguardo critico e senza pietà su una società dove il lasciar correre, il compromesso e l'assenza di rigore sono un fatto molto ricorrente.

La nostra amicizia trova in questo campo un nuovo respiro.

Parliamo molto di donne. Ci interroghiamo sui nostri comportamenti, sulle nostre debolezze e sulle nostre disperazioni. È da questi discorsi che mi è venuto in mente di scrivere un romanzo che dovrebbe chiamarsi *L'Homme qui pleure*. Un romanzo che dovrebbe raccontare il nostro amore per le donne, con le nostre insufficienze, i nostri dubbi e le nostre goffaggini. Quell'uomo piange perché sa che non sarà mai all'altezza dell'intelligenza, della malizia, della crudeltà delle donne. In Marocco, dove gli uomini in generale non riflettono molto sul loro rapporto con le donne, questo argomento può acquistare un senso molto pesante. Le donne scrivono, dibattono, si difendono, lottano. Gli uomini le guardano passare e si accontentano di fare apprezzamenti sulla forma del seno o sull'altezza del culo.

Con Lotfi ovviamente parliamo del corpo delle donne, ma anche della qualità del rapporto che vorremmo avere con loro. Ci piace anche scherzare su questo e raccontarci, come adolescenti, i nostri fantasmi sessuali.

Alla morte di mio padre, il 14 settembre del 1990, Lotfi ha voluto essere presente durante i tre giorni dei funerali. Accanto a me, silenzioso, commosso. È stato il solo tra i miei amici ad osservare scrupolosamente questa usanza rituale.

Ho fatto la stessa cosa, il 26 agosto 1993, alla morte di suo fratello, Othman, che conoscevo un po' e che apprezzavo molto.

L'amicizia non rende le disgrazie piú leggere ma, diventando presenza e devozione, permette di condividerne il peso e apre le porte della rassegnazione.

Di fronte alla morte Lotfi è sereno. La sola cosa che rimprovera all'Islam è che lo obbliga a morire musulmano. La sua indipendenza di spirito mi ha sempre impressionato. Mi ricordo che, quando preparavamo la maturità, gli avevo fatto vedere una pagina di preghiere che mio padre mi aveva chiesto di portare con me, perché mi proteggesse dal malocchio e mi aiutasse il giorno dell'esame. Ne fece una pallina e la gettò in aria come una palla da ping-pong. Ne rimasi colpito.

In nessun momento, tuttavia, ha cercato di farmi aderire alle sue concezioni sulla religione. In realtà parliamo solo raramente delle nostre opinioni in merito. Senza dubbio perché io stesso non so se ne ho, e neppure in che senso esse siano indirizzate.

In generale, passato il tempo delle esitazioni, ci si informa meno su ciò che riguarda Dio, l'inferno e il paradiso. Persino durante l'adolescenza non ricordo che questioni del genere ci abbiano turbato molto.

Sulla mia amicizia con Lotfi potrei dire quello che Lelio rispondeva a Scevola a proposito della sua amicizia con Scipione:

> Insieme abbiamo condiviso preoccupazioni politiche e problemi personali, e insieme abbiamo vissuto giorni di pace e giorni di guerra.
>
> CICERONE

Con Adil, ho condiviso alcune preoccupazioni politiche.

È un sociologo attivo ed è lui che mi informa nel modo migliore sullo stato della periferia, sui nuovi atteggiamenti mentali negli ambienti degli immigrati. Uomo indaffarato e impaziente, militante e gran lavoratore, lo sento come quella parte di me stesso che ho lasciato perdere. È per questo che mi fa piacere vederlo, parlare con lui e anche ridere e far festa, perché Adil ha il senso della festa. È qualcosa che ha ereditato da suo padre.

> I nostri gusti, le nostre inclinazioni e i nostri principi piú importanti si accordavano a meraviglia.

> Di tutti i secoli passati non ci si ricorda che di tre o quattro coppie di amici. Oso sperare che le generazioni future conteranno tra quelle l'amicizia di Lelio e Scipione.
>
> CICERONE

L'AMICIZIA

Li chiamano «i gemelli».

Si potrebbe dire di loro, come dei famosi uccellini, che sono «gli inseparabili». Si considerano come una sola e medesima persona. Eppure sono due, ma quando siamo in quattro dicono che siamo in tre. Adil e Bahgat sono egiziani e firmano con un nome in comune: Mahmoud Hussein.

Ci siamo conosciuti durante gli anni Settanta, poi ci siamo persi di vista. Non sapevo che un giorno ci saremmo ritrovati per intrattenere una relazione di amicizia assidua, profonda e disinteressata. È stato grazie ai dibattiti politici, ai colloqui internazionali e alla scrittura che abbiamo cominciato a incontrarci in modo regolare.

Insieme amiamo evocare gli sconvolgimenti che scuotono il mondo. I nostri incontri a pranzo si svolgono per lo piú sotto il segno dell'allegria – Bahgat è un magnifico raccontatore di storie –, della buona tavola e, anche quando ci capita di discutere seriamente, non perdiamo mai di vista la necessità di ridere e qualche volta di sfotterci a vicenda.

In questo rapporto d'amicizia siamo in quattro. C'è anche Sami, un filosofo brillante, elegante e attento. Anche lui è stato incuriosito e sedotto dall'amicizia dei gemelli. Ammiriamo entrambi la costanza e la qualità della loro relazione. Non si tratta di una coppia, e non sono fratelli,

> Il padre e il figlio possono essere per ogni aspetto assolutamente diversi, e cosí pure i fratelli.
>
> MONTAIGNE

e non sono amici qualsiasi, come se ne trovano ovunque.

Piú li conosco e piú sono stupito e allo stesso tempo emozionato per quella loro unione solida, intera e senza la minima ambiguità. Si tratta, mi sembra, del grado piú elevato di amicizia. Si pensa a Montaigne e La Boétie:

> E la nostra libertà volontaria non può produrre niente che sia piú specificamente suo se non l'affetto e l'amicizia.

L'amicizia è quell'«accordo di volontà», quella libertà vissuta cosí come viene, senza sforzi né condizioni.

Adil e Bahgat danno l'immagine serena di quel tipo di libertà, dove, forse, la sola inquietudine che si aggira sembra legata al gioco sventurato che il Destino potrebbe un giorno preparargli. Tutti ammirano quel legame eccezionale: si cerca di scoprire la cucitura che li tiene insieme, ma è tempo perso.

Quello che è anche straordinario, nella loro amicizia, e che si tratta di due uomini molto differenti, di temperamento e carattere diverso. Non li si può confondere, anche se uno è l'altro e viceversa. Nessuno dei due riserva alcunché per se stesso, tranne la vita coniugale. E le prime cose che uno si domanda, quando li si frequenta, sono: un'amicizia simile può lasciare spazio ad altri sentimenti? Non provoca da parte delle mogli gelosie assolutamente legittime? Come si può integrare questa relazione permanente, onnipresente, con il resto della vita quotidiana? L'amicizia è piú forte dell'amore – dell'amore che non esclude il desiderio e la guerra? Forse è invece il miglior rifugio, la diga piú alta e piú solida contro il rischio di distruzione che ogni relazione amorosa può generare.

Conosco dei veri gemelli che non si intendono molto bene tra loro e non si vogliono un gran bene. Adil e Bahgat sono dei veri falsi gemelli. Uno è musulmano, di origine modesta, l'altro è ebreo, di origine borghese. Uno è scuro di pelle, l'altro è di colorito pallido. Uno è sposato con un'inglese, l'altro con un'algerina. Uno gioca a tennis, l'altro preferisce leggere «L'Equipe». Uno mangia dolcini egiziani, l'altro no. Uno ama la buona cucina del sud-ovest, l'altro cerca di mangiare «leggero». Uno è seduttore, l'altro aspira ad approfondire l'armonia della coppia. Uno racconta storielle buffe, l'altro ride. Uno si fida soltanto dell'«Herald Tribune», l'altro è piú eclettico. Ma entrambi sono laici, curano l'abbigliamento, temono il freddo, fumano sigari e celebrano l'amicizia con gli altri nella gioia e nella fedeltà. Non nutrono nostalgie per gli anni della militanza, fanno volentieri la loro autocritica politica, sono ossessionati dal bisogno di libertà e di democrazia per i popoli del Sud. Sono convinti che non c'è dialogo possibile con gli integralisti, nemici della libertà.

Due esseri differenti e simili: una dualità che diventa unità parlando con una sola voce, e con due tonalità.

Ho provato con loro, e con Sami, il piacere di aver costituito una banda, un piccolo club esclusivo che dà calore al cuore, un calore temperato e uguale, costante e semplice. Come scrive bene Montaigne: «una cosa ben rifinita che non ha niente di ruvido e di pungente».

Jean-Marie Le Clézio è una persona che intimidisce e dà l'impressione che uno lo intimidisca. Di qui una distanza nella quale si intuiscono calore e fraternità.

Ci siamo incontrati nella letteratura prima di incontrarci nella vita. Mentre lui stava scrivendo *Désert*, io raccontavo *La Prière de l'absent*. Senza esserci messi d'accordo avevamo introdotto nella trama uno stesso personaggio storico, l'eroe del Sud marocchino, Cheïkh Maa El Aïnin, quello che all'inizio del secolo si oppose agli eserciti francese e spagnolo. Le nostre storie sono in realtà molto diverse, ma il fatto di aver pensato di rendere onore a quello sceicco instaurò una complicità di scrittori che avrebbe aperto la via all'amicizia.

Per molto tempo ci siamo dati del voi, anche quando ci dicevamo cose che soltanto gli amici si dicono. Fu grazie a sua moglie Jémia che siamo passati al tu. Credo che abbiamo approfondito la nostra conoscenza reciproca durante un viaggio ad Haiti, nel mese di aprile del 1987, in compagnia dello scrittore Danièle Salenave. «France Culture» dedicava una giornata a quell'isola, la prima repubblica nera indipendente, che si era fi-

L'AMICIZIA

nalmente liberata del figlio di Duvalier, responsabile di molti crimini e massacri. In quell'occasione abbiamo scoperto un paese completamente distrutto dalla dittatura dei Duvalier, un paese calpestato, ricondotto allo stadio della barbarie e della disperazione. Sconvolti da quella gente ridotta alla miseria piú assoluta e lasciata a se stessa, dopo essere stata depredata dei suoi averi, Jean-Marie e io non sapevamo come manifestare la nostra solidarietà, come aiutare quelle persone disperate. E quella prova ci portò a parlare delle parole, del loro potere illusorio o reale.

Jean-Marie mi disse che ogni frase composta secondo lui ha qualcosa di miracoloso. Siamo tutti stupiti di poter continuare a scrivere e di trovare dei lettori. È stato ad Haiti che abbiamo meglio definito la relatività della letteratura, disegnandone i confini e diffidando anche di essa. Come raccontare quel paese dove persino il sole è inflessibile come la fatalità, dove niente si affida alla nostra intelligenza? Sarebbe presuntuoso credere che abbiamo capito qualcosa di quel paese, di quelle terre calde e mortificate. Alla sera i nostri occhi sono pieni di colori, di rumori, di silenzio e di domande. Dappertutto il ricordo di quelle folle compatte di facce alle quali la miseria ha strappato via il sorriso. Sono facce dure e piene di dignità.

Jean-Marie lavora di notte. Di giorno cammina, si occupa delle sue figlie, scrive delle lettere, visita le biblioteche, non legge mai i giornali. Prepara la sua notte per scrivere. Sostiene di non avere immaginazione e di non fare altro che trasmettere informazioni raccolte nei libri e nei documenti d'archivio.

Riservato e pudico, detesta le apparenze, le convenzioni sociali, la mondanità e la folla. È uomo molto capace di attenzione. Sa ascoltare. Lo scambio con lui è stimolante. È un piacere semplice e raro. Ci è capitato di parlare di problemi personali: persino quando sono gravi sa evitare ogni drammatizzazione. Anche le sue passioni, al di fuori della famiglia, sono semplici: odio per il razzismo; esigenza di giustizia; rifiuto di ogni egoismo e vanità; rispetto degli altri e coltivazione naturale dell'amicizia.

È una persona che rifiuta qualsiasi sforzo per entrare nella vita letteraria. Si stupisce della propria notorietà e non riesce a scherzare su di essa. Jémia, che si occupa di ogni cosa, lo protegge e talvolta lo fa uscire dal suo nascondiglio. È una moglie che è riuscita, oltre all'amore, a creargli intorno delle amicizie. Jémia è un'amica per me. Amo la sua passione per la vita e la sua fedeltà nell'amicizia. Questo accordo dolce e pacato è diventato con il tempo una necessità. I casi della vita fanno sí che ci troviamo raramente nello stesso periodo nella medesima città. Allora ci telefoniamo, ci mandiamo dei fax.

Mi piace vederli insieme, cosí come mi piace incontrarli separatamente. Ogni volta leggo sul loro volto la felicità di esistere e di amarsi malgrado

L'AMICIZIA

l'inquietudine. È una coppia che smentisce la disperazione della vita coniugale.

Come la coppia di Yahia e Amina: innamorati e amici; lei lo chiama *Khiyi* (fratellino mio) e lui *Hbiba* (mia carina). Questa coppia, la cui generosità ha radici nella profonda antica tradizione marocchina, coltiva con l'amicizia un rapporto fecondo. Di Amina mi piace la passione per la musica e per la pittura, il suo gusto, la sua finezza e il suo cuore «bianco come la seta». La nostra amicizia è pudica. Di Yahia, mi piace la dolcezza di vivere, l'attenzione per gli altri, il dono, la pazienza e la gentilezza estrema. Anche se recente, la nostra amicizia è profonda e disinteressata.

Quando li vedo vivere, quando vedo Jean-Marie e Jémia, mi domando: perché la moglie non è contemporaneamente anche amica? Perché è cosí difficile essere amico della donna che si ama?
Formulo con qualche difficoltà questa doppia domanda, perché so che l'amore non raggiunge la maturità e la serenità se non con l'aiuto dell'amicizia. Ci vuole tempo, generosità e lucidità.

Ho amato D. Non so se anche lei mi ha amato. Ma per tutti gli anni di quella relazione, è stata l'amicizia a prevalere; un'amicizia ora tenera, ora inquieta, ma sempre esigente. In principio ho avuto qualche problema ad accettare un amore cosí pieno di attenzioni amichevoli. Avevo torto. D. aveva una passione per un altro uomo, e ciò la faceva soffrire. Con me cercava conforto, senza recriminazioni e senza lamentele.

Non so se è stato in nome di quell'amicizia o di un amore mal ricambiato che D., una dozzina d'anni dopo la nostra separazione, mi ha violentemente rimesso in discussione. È stata ingiusta, aggredendomi con critiche – sia letterarie che politiche – e trattandomi piuttosto come uno che ha tradito un'idea, un valore, una speranza. Quella relazione, cosí importante per me, ha suscitato il bisogno di un'analisi critica del mio comportamento.

È sui banchi di scuola che si costruiscono le prime amicizie. Poi al liceo, all'università, e, infine, in ambiente professionale.

Il mio mestiere – se la scrittura può essere considerata un mestiere – mi mette piú facilmente in contatto con giornalisti e funzionari editoriali, che con scrittori. Confesso di avere pochissimi amici scrittori. Certo, ci sono François, Roland, Jean-Marie, Michèle e Pierre, Yves, Rachid, Fawzi, Andrée, Vassilis, Amin... Ma non è stata la letteratura che ha fatto nascere l'amicizia: sono le affinità, le complicità, sono i temperamenti che si compiacciono di incontrarsi. È questo che ha evitato ogni tendenza alla rivalità, alla gelosia o ad altre meschinità.

L'AMICIZIA

È stato in una libreria – ed è ovvio, essendone lei la direttrice, – che ho conosciuto Maïté. Mi avevano parlato di una foto di lei, distesa sul divano. Ho voluto salire nel suo ufficio per vedere quella foto in cui Maïté è bella e seducente.

Il libro è stato il nostro tramite. È una libraia che legge molto e che ha buone qualità di giudizio. Uno dei suoi clienti si chiama François Mitterrand. Ne parla con semplicità. Donna di carattere, – dice quello che pensa senza tanti complimenti – è un'amica molto fedele. La nostra amicizia non è mai stata interessata. Le capita che le piaccia uno dei miei romanzi e lo difenda, cosí come le è capitato che uno non le piacesse e me lo abbia detto in faccia. È un'amicizia limpida e diretta. Anche Maïté è stata ferita nell'amicizia; tradimenti per i quali ha sofferto molto. Questo fatto ci ha avvicinati e ci ha aiutati ad approfondire la nostra relazione, a metterla al riparo da simili rovesci.

Con due o tre amici, una volta ho stabilito un contratto: siccome mi fido del loro giudizio, gli affido i miei manoscritti da leggere. Quella che propongo loro è una lettura particolare, una lettura critica e severa. Questo è il miglior servizio che mi aspetto. Michèle G. è una lettrice eccellente. La nostra amicizia si è rafforzata attraverso questi esercizi. Non è un gioco. È una cosa seria. Tengo conto davvero delle sue osservazioni perché so che non possono essere che sincere e giuste. Mi piace anche fare insieme con lei il punto su tutto quello che ci avvicina. In questa giovane donna c'è un'intelligenza acuta e una perspicacia minuziosa. C'è persino una dolcezza nella sua voce che mi rassicura. Anche lei scrive. Ho saputo, poi, che il territorio della sua scrittura è il tema del dolore, della mortificazione. Le sue parole sono misurate.

Abbiamo degli amici in comune. Una piccola cerchia di cui fanno parte Jean-Marie e Jémia, Pierre L. e i ragazzi. Pierre L. è un uomo riservato. C'è tra noi una fraternità serena, senza commenti, senza rumore.

Anche Jean-Noël è uno dei miei lettori. Se gli passo un manoscritto da leggere non è perché fa parte del gruppo, è perché ha quell'attenzione necessaria e quella severità di cui ogni scrittore ha bisogno. Mi piace strapazzarlo e ridere con lui.

Pierre A. è gentile e preciso.

Con talento racconta la vita degli altri. Aspetto che un giorno racconti anche la sua. L'occasione per evocare la Casablanca degli anni Cinquanta, con le sue famiglie ebree che vivevano in ambiente musulmano. Ma Pierre A. si mette poco in mostra. Mi piace quel velo appena disteso sulla sua infanzia, come mi piacciono i suoi occhi azzurri, la sua eleganza e la sua fedeltà. Anche lui è un mio lettore e il suo parere è importante per me. Amo parlare con lui tanto della scrittura quanto della vita parigina che ci fa ridere.

L'AMICIZIA 65

Lavoratore, buon padre di famiglia, sa trattare con il tempo per non disperdersi e dare all'amicizia lo spazio che merita.

Pierre C. è l'amico mediterraneo. Solido, quadrato, nervoso e sempre pronto a rendersi utile. L'ho conosciuto alla radio che dirige come un capo tribú mettendo insieme la fermezza con gli slanci passionali tipici del còrso. Gli piace parlarmi. A me piace starlo a sentire, seguendolo con gli occhi perché non sta mai fermo. Ha il senso della famiglia e dell'amicizia, senza ambiguità. Politicamente, se si colloca da qualche parte, non l'ho mai saputo con esattezza. Cosa importa! Non interviene mai sul contenuto delle mie cronache e io dispongo di tutta la mia libertà.

Sua moglie, Anne Marie, è di intelligenza sottile, ha il senso della festa e una curiosità all'erta. Le piace l'opera. Pierre ama il suo lavoro e i film su cassetta.

La mia amicizia con Monique A. si è sviluppata intorno alla lettura e all'amore per alcuni testi, come quelli di Georges Henein, Jo Bousquet, Cioran e Paul Celan.

Altri due amici leggono i miei manoscritti. Sono i miei editori. È il loro mestiere, è vero, ma io pretendo anche che siano critici severi. Un editore può essere amico di uno scrittore? Non sempre. Si dà il caso che i miei due editori, Jean-Claude e Jean-Marc, siano entrambi scrittori. Dunque parliamo di scrittura. Io leggo i loro testi, loro leggono i miei. Se ne discute.

Jean-Claude ha un'intelligenza in permanente attività. Persona attiva, uomo di relazioni e di riflessioni, corre sempre. Non è un uomo indaffarato o impaziente. È un uomo che divora il tempo. Fedele, coraggioso e sincero, non si ferma di fronte a nessun ostacolo. Lettore attento – è lui che corregge i miei errori nella concordanza dei verbi – è un ottimo consigliere. Siccome corre senza sosta, le sue idee si urtano tra loro, qualcuna cade, si perde, altre si arricchiscono e prendono forma in uno dei dieci progetti che cuoce a fuoco lento contemporaneamente. Incapace di restare con le mani in mano, di impigrire, di smettere di leggere o di scrivere, è felice della sua passione di fare, di realizzare progetti, o di proporne ai suoi amici. Una settimana di Jean-Claude corrisponde a uno o due mesi per qualcun altro. Ammiro la sua capacità di lavoro, e, nello stesso tempo, rimpiango che non sappia gustare il piacere di abbandonarsi alla pigrizia. Ma riesce sempre a trovare il tempo per incontrare gli amici, starli a sentire e parlare con loro. È piú inquieto per loro che per se stesso. È un raro caso di intellettuale pieno di attività e di responsabilità (editore, redattore di cronache, reporter, giornalista, conferenziere, catalizzatore di uomini, capace di introspezione, innamorato di sua moglie e affettuoso con i suoi bambini, viaggiatore...), rimane un uomo stupefacente e sem-

L'AMICIZIA 67

pre stupefatto – nel senso in cui Aristotele parla del risveglio della coscienza. Se anche manca un po' di senso dell'umorismo, volentieri si abbandona a risate fragorose. Gli piace condividere esperienze e relazioni semplici.

Un giorno, Claude, suo amico d'infanzia, mi ha detto: «persino in vacanza Jean-Claude è incapace di restare piú di cinque minuti senza fare niente. Quando non è nel suo ufficio, davanti al computer, è nel bosco a spaccare legna per il caminetto».

Sua moglie Catherine si è adattata con intelligenza a quel ritmo che nasconde qualcosa di affascinante, o di inquietante. Con il suo amore e la sua intuizione, lei apporta l'equilibrio necessario all'uomo e all'amico. La sua individualità stabilisce un clima di bella serenità rassicurante e fa sí che la coppia sia sempre attenta a stare bene con sé e con gli altri.

Jean-Marc è un mistero. Non dirò piú di lui che è la gentilezza personificata, perché so che lo esaspera e soltanto quelli che hanno fretta di appiccicargli un'etichetta fanno riferimento alla sua gentilezza. Che tuttavia è evidente. Ma c'è qualcos'altro. Un'inquietudine al fondo dei suoi occhi che ridono, nei suoi gesti misurati ma generosi.

È un giocatore. Ama il rischio, le scommesse e il piacere delle combinazioni complesse. In lui, in apparenza, c'è una buona dose di leggerezza; ma in fondo si tratta di una maschera che nasconde una grave angoscia. Il suo spirito, il suo senso dell'umorismo hanno quell'origine. Quell'angoscia viene fuori nei suoi romanzi. Sono persuaso che intorno a Jean-Marc ci sia un malinteso. Non fa niente per dissiparlo. A un lettore di tale qualità rimprovero di mancare di severità. Ma a conti fatti lui è per me un amico nel quale ho una fiducia assoluta e che mi rassicura. Mi piace arrivare nel suo studio senza preavviso, e rubargli qualche libro o qualche rivista. Gli piacciono il calcio, il cinema, la cotoletta alla milanese, il tonno, il telefono, i segreti, lo stare dietro le quinte, l'amicizia e i buoni vini.

È stato il primo editore di Vassilis, e Vassilis è stato il primo scrittore che lui ha pubblicato. Di qui nasce la sua fedeltà tenace per quel greco che entrambi amiamo molto, per i suoi libri strambi e gravi nello stesso tempo.

Vassilis è un personaggio. Porta sandali spessi, cuciti dalle mani di qualche contadino del Peloponneso, si veste con grossi maglioni e sempre gli stessi pantaloni di velluto. È un seduttore che ha paura delle donne innamorate. Anche lui ha la passione per il calcio, per gli scherzi e per la derisione.

Mi piace il suo modo di ridere, che qualche volta viene fuori come balbettante, spesso a sostegno di un'osservazione inattesa e crudele sulla vita.

Vive in uno spazio cosí ridotto che persino dei giapponesi, un giorno, sono venuti a vederlo. È stato Charly che ha arredato quello studio. Vassilis mi ha fatto conoscere Charly. Architetto dotato, che sogna di case aperte davanti al cielo e al mare, Charly insegue di corsa la luce che un giorno inondava la sua infanzia. Nato in Tunisia, si batte contro tutte le conseguenze del violento distacco dal suo paese. È nell'amicizia che ha trovato un focolare, una ragione di speranza, e la forza di affrontare la vita. È una persona delicata e fraterna. Mi capita di punzecchiarlo un po'. Ne ridiamo, si cerca di dimenticare antiche ferite.

Philippe L. è fotografo. Gli succede di partire per restare dei mesi all'altro capo del mondo. Ritorna, non cambia mai, pieno di immagini, di sensazioni, e di progetti. È l'amico intermittente, uguale a se stesso, e sa programmare il tempo per vivere secondo la sua logica personale.

L'altro Philippe è un personaggio da romanzo. Dal momento in cui l'ho visto, ho saputo che un giorno l'avrei messo in uno dei miei libri. È nel romanzo *A occhi bassi*. È un uomo di grande fedeltà. Ha un'intelligenza molto umana, che gli permette di leggere sulle linee della mano, sulle facce, e nei pensieri segreti. Ha la dote di penetrare attraverso le apparenze. Lo fa con tatto e gentilezza. Mi capita di consultarlo come un medico dell'anima, o come un chirurgo del destino. La nostra amicizia si è sviluppata lentamente. È però senza dubbio promessa a un bell'avvenire perché condividiamo un'idea un po' disillusa sul genere umano.

> Non ci può essere vera amicizia che tra persone dabbene.
>
> CICERONE

Jean-Pierre e Marie-Pierre sono persone dabbene.

La nostra amicizia ha attraversato il tempo, e anche se c'è stato un periodo durante il quale non ci frequentavamo, il legame è stato ristabilito senza la minima difficoltà. È una prova di solidità.

Per vent'anni quest'amicizia ha conservato una buona memoria – il nostro primo incontro si è svolto a Hautvilliers, nel 1974, durante una riunione di poeti francofoni nella quale Jean-Pierre ha fatto il mio ritratto per la televisione: si trattava della mia prima apparizione televisiva – e ha anche conservato il gusto dei pranzi e del lavoro in comune.

Da anni e anni cerchiamo di fare insieme un film. Abbiamo scritto due sceneggiature, ma tutte le volte ci scontriamo con la burocrazia e con quelli che hanno l'incarico e l'arroganza di decidere cosa meritano di vedere i telespettatori. Ciò ha rafforzato il nostro rapporto e arricchito di battute di spirito i nostri incontri. Marie-Pierre è entrata in questa nostra amicizia come in una casa calda e aperta.

«Sempre presente e mai pesante», questo dovrebbe essere il motto di ogni amicizia.

L'AMICIZIA

Passando in rassegna tutte le mie amicizie dalla scuola coranica fino a questo autunno del 1993, ho la sensazione di aver saltato qualche tappa, dimenticato persone che per un certo momento sono state presenti, poi sono scomparse, piú per caso che per qualche decisione.

Qualcuno utilizza la metafora dei cerchi per classificare gli amici.

Nel primo cerchio il numero è per forza ristretto. E nel secondo si sistemano quelli che assicurano una prossimità aleatoria. Il problema è che quelli che pensano di fare parte del primo cerchio si offendono quando vengono a sapere che ne sono un po' fuori.

Ci sono quelli ai quali si può confidare un segreto. Altri con i quali si beve un bicchiere ogni tanto.

Io preferisco non fare classificazioni. Potrebbe essere offensivo o semplicemente ingiusto.

Immagino una serie di titoli per quegli amici che, senza fare parte dello zoccolo duro, sono importanti:

L'amico discontinuo: è l'intermittente. Quello che appare e scompare, e sul quale non si può fare sempre conto. L'intuizione raccomanda con lui la prudenza, ciò che non esclude né il calore, né il piacere.

René B. è continuamente assorbito dal suo lavoro. Bibliofilo appassionato, lo si trova spesso in qualche deposito, nelle fiere, o in fondo a qualcuno dei suoi magazzini dove vende libri d'occasione. Difficile da scovare, tanto vale aspettare che sia lui a ricomparire. Non viene mai a mani vuote, come se cercasse di farsi perdonare per la sua lunga assenza. È un uomo meraviglioso che compensa l'aspetto «discontinuo» con la qualità della sua rara presenza.

L'amico di passaggio: con lui si simpatizza per il tempo di un incontro – un congresso, per esempio – o per il tempo di un viaggio. Si sa che ci sono poche probabilità di rivedersi, ma si fa in modo che il tempo della scoperta sia utilizzato bene. In generale si trascrive un indirizzo, poi lo si dimentica: oppure si pensa a lui senza proprio sentire il bisogno di rivederlo. La lista di questi amici sarebbe lunga da compilare. Qualcuno si riconoscerà.

L'amico del dispiacere: quello che si evoca collegandolo a un avvenimento doloroso. Qualche volta si condivide lo stesso cordoglio con intensità diversa. Penso a Claude C. che è stato l'amico piú vicino a Othman, e che l'ha accompagnato nella sua malattia fino all'ultimo giorno. È attraverso quelle prove che l'ho scoperto e apprezzato. Forse ci rivedremo, grazie a colui che ci aveva fatti incontrare?

> Nella morte di un amico [...] se c'è una disgrazia, sono io che la subisco, e affliggersi della propria sventura non manifesta amore per i propri amici, ma per se stessi.
>
> CICERONE

L'amico scomparso: Fawzi scompare per sei mesi, un anno o addirittura due, poi, un giorno, ricompare, magari telefonando, oppure scrivendo, sempre con la stessa foga. In principio uno rimane un po' sbalestrato. Non so mai bene che atteggiamento assumere nei suoi confronti. Una volta sparito, non risponde piú ai richiami. Allora bisogna lasciargli attraversare il suo deserto; si sa che un giorno lo si ritroverà, sempre uguale, dinamico e fraterno.

Questo tipo di amici, ho capito che non bisogna confonderli, né insistere né fare loro dei rimproveri. L'amicizia, se riposa su solide basi, può permettersi di accettare parentesi di quel genere che non significano affatto l'oblio o il rifiuto: esse sono di pertinenza esclusiva della persona che ne sente il bisogno.

J.-P. P.-H. fa parte di quelli che scompaiono e poi ricompaiono secondo gli avvenimenti. È un personaggio difficile, complesso e sconcertante. Ci è capitato molte volte di constatare il nostro disaccordo, soprattutto in politica. Ho imparato a non dare troppa importanza a queste differenze. Tanto vale evitare di parlarne. Perché, su un altro piano, Jean-Pierre è una persona di grande qualità, disponibile, sincera e di una franchezza brutale. Devo a lui i miei primi contatti con la redazione di «Le Monde». Quell'uomo di parola può rendere la vita difficile ai suoi amici. Gli capita di sbagliare. Lo ammette con facilità.

L'amico ritrovato: il destino piú forte della memoria. È lui a ricondurci verso il passato per far luce su un momento oscuro del presente. Il destino è quello che capita nel momento in cui uno non se lo aspetta. Si parla di destino perché non si sa che nome dare a ciò che può colpirci brutalmente nell'animo e nel cuore. Allora ci si ricorda di un amico lontano, di qualcuno che non avevamo proprio dimenticato, ma che non si aveva piú abitudine di frequentare. Si esita. Si è imbarazzati, e poi ci si ricorda delle qualità dell'amico in questione, come la generosità e la pazienza.

Ho chiamato Danielle R. una volta in cui avevo bisogno del suo aiuto. Era un'invocazione di soccorso. Volevo che i suoi occhi pieni di luce e di intelligenza mi rassicurassero, o, per lo meno, mi dessero un po' di speranza e di coraggio. È arrivata subito. Ha avuto i gesti e le parole che aspettavo. La nostra vecchia amicizia ha ripreso servizio con forza e bontà.

Ho conosciuto Danielle a metà degli anni Settanta. Nascondeva dentro di sé una ferita immensa. I suoi occhi blu conservavano una parte della luce del Marocco, la parte maledetta, quella che le ha fatto dono di un amore forte per poi riprenderglielo in modo violento e ingiusto.

Mi commuovo ogni volta che lei ricorda quel dramma che segnò definitivamente la sua vita.

Oggi lei si consacra ai bambini nati con qualche handicap. Sta ad ascoltare, parla e scrive, e si ri-

L'AMICIZIA

corda con dolcezza e tenerezza di una terra che tanto le ha dato, e tanto le ha ripreso.

Curiosamente, è dedicando un libro all'amicizia che sto rischiando di farmi dei nemici. Ma come si dice prudentemente, questa lista dei miei amici non è esaustiva. Resta aperta.

Persone poco conosciute possono nutrire nei nostri confronti un sentimento che assomiglia all'amicizia. Lo si scopre per caso, o in qualche momento difficile. Uno se ne rallegra: ci si sente lusingati e rassicurati.

Per fortuna mi restano ancora degli amici da scoprire: sia che facciano già parte del mio passato o che occupino il mio futuro. È bello pensare all'amico ancora sconosciuto. Quando per la prima volta arrivo in un paese straniero, penso a colui o a colei che durante il mio soggiorno si comporterà come un amico. In generale uno si sente angosciato quando non c'è nessun amico ad attenderlo. Si diventa come un mendicante che non osa tendere la mano. Ma l'amicizia non si mendica. O viene o non viene. Ogni tanto penso a qualche amico con il quale ho vissuto momenti interessanti ma che oggi si trova lontano. L'amicizia allora si raffredda, poi si spegne da sola, senza rancori, senza cattivi pensieri. Penso a Youssef, compagno degli anni della città universitaria, intelligente ma politicamente intollerante. Credo invero che abbia poi aggiunto molta acqua al suo vino.

L'avvenire è aperto.

Non so se l'età porti amicizie nuove o se si pesca sempre nello stesso vivaio.

So che senza amicizia la vecchiaia sarà penosa e orribile.

Per uno scrittore, fare una dichiarazione di amicizia a dei librai può sembrare inopportuno o opportunista.

Il fatto è che molto presto ho stabilito relazioni, ovviamente professionali, ma anche amichevoli con un certo numero di librai.

Mi piace la libreria come luogo. Amo la mano che stabilisce il legame tra lo scrittore e il lettore. Il libraio è l'amico del libro; non di tutti i libri ma di quelli che considera tali da essere trasmessi al lettore. Gli scrittori hanno torto a non frequentare di piú questi luoghi. Non per vedere se le loro opere sono messe bene in evidenza, ma per rendersi conto di come vive un libro, come circola di mano in mano, come qualcuno lo sfoglia, ne legge qualche riga, poi lo rimette a posto, o lo lascia sull'orlo del banco, oppure si decide di farne l'amico di qualche notte.

> Indi volgendo a me la sua attenzione: «Fratello mio, – mi disse, – che tanto caramente amo e che fra tanti uomini avevo scelto, per rinnovare con Lei codesta virtuosa e sincera amicizia, l'uso della quale tra noi, per colpa dei vizi, da molto tempo se ne è andato lasciando soltanto qualche vecchia traccia nella memoria dell'Antichità, io La supplico di voler accettare, come segno del mio

L'AMICIZIA

affetto per Lei, di essere erede della mia biblioteca e dei miei libri, che io Le dono: ben modesto omaggio, ma che parte dal cuore, e che a Lei si adatta per l'attenzione che Lei porta alle lettere. Per Lei sarà "un ricordo del Suo amico"».

MONTAIGNE

I librai sono i messaggeri delle notti che altri hanno consacrato alla scrittura, delle mattinate che altri hanno occupato ad allineare le parole, a vivere con i personaggi.

Non essendo né l'amico discontinuo, né l'amico scomparso, il libraio è l'amico che non tradisce mai, perché il legame è materializzato in un oggetto. Può darsi che non ami un libro in particolare, ma, per vocazione, ama il libro in generale. Se quell'amicizia non è personale, essa è legata a un'intimità originale: quella della solitudine della scrittura.

Per molto tempo ho considerato certi scrittori e certi cineasti come amici miei. Dicevo: «Il mio amico Nietzsche ha scritto...», oppure: «Il mio amico Ozu ha realizzato...» Si tratta di amicizia apparentemente a senso unico. Un creatore, soprattutto se ha del genio, è qualcuno che nutre un'attesa, una speranza.

Mentre scrivo queste parole, Federico Fellini è caduto in coma profondo. L'uomo è morto. Ma quello che ha donato a milioni di spettatori è sempre presente, vivo, ricco, eterno. Ci ha dato materia per i nostri sogni e ha liberato dentro di noi flussi inconsci, o appena sospettati, di sogni ancora piú pazzi, piú audaci. Ciascuno dei suoi film è stato per me un segno d'amicizia. Non tanto per la mia persona, quanto per l'umanità. Allora io gli do la mia amicizia, a sua insaputa, per forza, ma è il mio modo personale di ringraziarlo. È poca cosa, ma questo dono gratuito mi fa contento.

Nietzsche è un compagno dei giorni buoni e di quelli cattivi. In lui trovo quello di cui ho bisogno: la poesia, il pensiero ribelle, l'assenza di sistema, e una voce che sento in fondo a me stesso.

Potrei dire la stessa cosa di Rimbaud, o di Juan Rulfo. Una biblioteca è una camera piena di amici. Sono amici che mi stanno intorno e che mi offrono ospitalità. Una casa senza biblioteca è una dimora senz'anima, senza spirito, senza amicizia. I libri – forse non tutti i libri – quando sono sistemati negli scaffali, sembra che vi osservino, o che vi chiamino. Aspettano. Quando una mano gli si avvicina, si sporgono verso di essa. Penso a *Ulisse* di James Joyce. L'ho letto durante il periodo che ho passato in un campo militare di punizione. Ha aperto dentro di me la via della scrittura. Mi ha autorizzato a scrivere. Chi vi fa un simile regalo non merita la vostra amicizia?

Non è capitato a ciascuno di noi, in un giorno della sua vita, di avere la rivelazione di quel dono, segnale di una urgenza o di una volontà? Fare dono di una parte della propria intimità – ricreata, reinventata con le parole e con le immagini – della quale saranno degli sconosciuti a impadronirsi ricoprendola di passione, di amore e di mistero. Chi sta all'origine di un atto simile diventa l'amico eccezionale, lontano fisicamente, o nel tempo, ma cosí vicino per quello che ha lasciato in dono.

> L'adulazione, d'altronde, per quanto possa essere pericolosa, non fa torto in vero se non a coloro che l'accettano e ne traggono piacere. Gli adulatori sono ascoltati soprattutto dai vanitosi, che sono sempre contenti di sé.

Rileggo queste parole di Cicerone e mi domando se non ho per caso adulato coloro ai quali voglio bene. Può darsi, ma non v'è punta di vanità nella virtú che si ama e lo fa sapere. I miei amici sono esseri umani. Hanno debolezze e difetti. Non sono santi e nemmeno statue. Quelli che hanno mancato di senso dell'amicizia restano amici, amici nel ricordo. Non si può negare, né cancellare il loro ricordo. Fa parte della vita e del patrimonio.

Essere esigente è una regola base. Essere tollerante è un principio. Vegliare sullo stato dell'amicizia è un dovere. Pensare. Pensare a un altro, saper essere presente quando occorre, avere le parole e i gesti che ci vogliono, dare prova di costanza e di fedeltà, tutto ciò è l'amicizia, ed è cosa rara.

Penso ad Annie C.-S. che, malgrado la lontananza, chiama quando sente che un'onda negativa si avvicina all'amico. Semplicemente per dire che lei c'è, che pensa a voi e che vi abbraccia con tutto il suo affetto.

Penso a Chantal L. pronta a mettere in atto ogni cosa per scongiurare il vostro destino quando ha l'aria di volgere al peggio.

Penso a Dorothée e a Pierre-Alain, a Saad H., a Fatima, a G. P. e Laura, a Javier e Michæla, a Boubker e Nour, a Edmond B., a Bernard N., a Ulderico e Christine, che offrono con calore e generosità presenza e capacità di ascolto.

L'amicizia che si legge sulle facce e nei gesti diventa come una prateria disegnata da un sogno in una lunga notte di solitudine.

È il primo bagliore che annuncia dolcemente il giorno.

> Il legame che esiste tra parenti, creato dalla natura, è tuttavia fragile. L'amicizia, quanto ad essa, è molto piú solida: se un parente può sempre eclissarsi, non è il caso di un amico. Senza devozione la stessa parola amicizia perderebbe ogni significato, non cosí la parola parentela.
>
> CICERONE

In Marocco, il senso della famiglia prevale sull'amicizia. Prima di tutto si difende la propria tribú davanti ai propri compagni di strada.

Si privilegiano i legami di parentela rispetto alle relazioni allacciate fuori della famiglia. Presso molte persone l'amicizia è una forma di complicità, di combinazione solidale di interessi.

I miei fratelli avrebbero potuto essere miei amici. Ma si sentono piú obbligati dai legami famigliari che da un legame liberamente scelto e consensuale.

L'AMICIZIA

Sono stato amico del mio fratello maggiore. Abbiamo fatto le scuole insieme. Ma dal momento in cui è entrato nella vita professionale e ha fondato la sua famiglia, i nostri legami si sono allentati, senza intaccare l'affetto che ci unisce. Abbiamo fatto scelte diverse, abbiamo problemi diversi che ci preoccupano. L'amore fraterno è sempre vivo. Non è rimesso in questione. Vigila. Aspetta il suo momento.

Non si può fare di un fratello un amico, né trattare un amico come un fratello. Ciò non esclude tuttavia in entrambi i casi una grande qualità di sentimenti. Bisogna lasciare alla libertà la sua funzione:

> E la nostra libera volontà non può produrre niente che sia piú specificamente suo se non l'affetto e l'amicizia.
>
> MONTAIGNE

Certe persone che ho conosciuto e apprezzato recentemente, o che ho incontrato molto tempo fa, potrebbero stupirsi di non comparire in questa galleria di ritratti, non è né una dimenticanza, né un'esclusione. È un rinvio, sono in lista d'attesa per un omaggio che sarà loro reso in altro modo.

> In ogni occasione è importante riflettere su ciò che ci si attende da un amico e anche su ciò che uno è disposto a dargli.
>
> CICERONE

O come dice Alcesti ad Oronte:

Signore, è troppo grande l'onore che mi vuole fare;
Ma l'amicizia richiede un po' piú di mistero.

MOLIÈRE

Senza alcun dubbio, per quanto concerne Paul, il nipote del filosofo Ludwig Wittgenstein, non avrei queste paure, anzi al contrario, lui, con il quale sono stato per tanti anni, fino alla sua morte, legato da tutte le passioni e da tutte le malattie, e dalle idee che nascono continuamente proprio da quelle passioni e da quelle malattie, faceva per l'appunto parte di coloro che nel corso di tutti questi anni mi hanno fatto talmente tanto bene, e che, in ogni caso, hanno migliorato la mia esistenza nel modo piú utile, cioè il piú adatto alle mie disposizioni, alle mie attitudini e ai miei bisogni, e sovente l'hanno semplicemente reso possibile, cosa che, oggi, a due anni dalla sua morte, mi appare in tutta la sua limpida chiarezza, e, tenuto conto del freddo di gennaio e del vuoto che c'è in gennaio nella mia casa, su tutto ciò non può sussistere il minimo dubbio. Io mi dico: siccome non ho nessuno tra i viventi che lo possa fare, per lo meno cerco di difendermi con i morti: nessuno in questi giorni, e in questo stesso momento, mi è piú vicino del mio amico Paul.

THOMAS BERNHARD

Voglio infine prendermi il tempo di riflettere sul modo di arrivare alla sola amicizia che conta:

la piú bella e la piú naturale, quella che uno cerca unicamente per quello che è.

Tangeri - Parigi - Les Deffends
agosto - novembre 1993

*Stampato per conto della Casa editrice Einaudi
dalla Fantonigrafica - Elemond Editori Associati*

C.L. 13596

Ristampa	Anno
2 3 4 5 6 7 8	95 96 97 98 99

Einaudi Tascabili

1 Omero, *Odissea*. Versione di Rosa Calzecchi Onesti. Testo a fronte (8ª ed.).
2 Levi (Primo), *Se questo è un uomo. La tregua* (15ª ed.).
3 Least Heat-Moon, *Strade blu. Un viaggio dentro l'America* (5ª ed.).
4 Morante, *Aracoeli. Romanzo* (6ª ed.).
5 Virgilio, *Eneide*. Introduzione e traduzione di Rosa Calzecchi Onesti. Testo a fronte (5ª ed.).
6 *Storia d'Italia. I caratteri originali.* A cura di Ruggiero Romano e Corrado Vivanti (2 volumi).
7 Levi (Carlo), *L'Orologio* (2ª ed.).
8 Bloch (Marc), *I re taumaturghi. Studi sul carattere sovrannaturale attribuito alla potenza dei re particolarmente in Francia e in Inghilterra.*
9 Packard, *I persuasori occulti* (3ª ed.).
10 Amado, *Teresa Batista stanca di guerra* (8ª ed.).
11 Buñuel, *Sette film* (L'età dell'oro. Nazarin. Viridiana. L'angelo sterminatore. Simone del deserto. La via lattea. Il fascino discreto della borghesia) (2ª ed.).
12 *I Vangeli apocrifi*. A cura di Marcello Craveri (5ª ed.).
13 Sciascia, *Il giorno della civetta* (5ª ed.).
14 Sciascia, *Il contesto. Una parodia* (2ª ed.).
15 Sciascia, *Todo modo* (2ª ed.).
16 Fitzgerald, *Tenera è la notte* (7ª ed.).
17 Schulberg, *I disincantati*.
18 Sartre, *La nausea* (6ª ed.).
19 Bataille, *L'azzurro del cielo*.
20 Musil, *I turbamenti del giovane Törless* (4ª ed.).
21 Mann, *La morte a Venezia* (4ª ed.).
22 Shirer, *Storia del Terzo Reich* (2 volumi) (2ª ed.).
23 Frank, *Diario* (9ª ed.).
24 Rigoni Stern, *Il sergente nella neve. Ritorno sul Don* (5ª ed.).
25 Fenoglio, *Una questione privata. I ventitre giorni della città di Alba* (5ª ed.).
26 Deakin, *La brutale amicizia. Mussolini, Hitler e la caduta del fascismo italiano* (2 volumi).
27 Nerval, *Le figlie del fuoco.*
28 Rimbaud, *Opere*. Testo a fronte (2ª ed.).
29 Walser, *L'assistente* (2ª ed.).
30 Vassalli, *La notte della cometa. Il romanzo di Dino Campana* (4ª ed.).
31 Svevo, *La coscienza di Zeno e «continuazioni».*
32 Pavese, *Il carcere.*
33 Pavese, *Il compagno* (5ª ed.).
34 Pavese, *La casa in collina* (7ª ed.).
35 Omero, *Iliade*. Versione di Rosa Calzecchi Onesti. Testo a fronte (4ª ed.).
36 Tolstoj, *Guerra e pace* (2 volumi) (2ª ed.).
37 Codino, *Introduzione a Omero.*
38 De Roberto, *I Viceré* (3ª ed.).
39 Jovine, *Signora Ava.*
40 Levi (Carlo), *Cristo si è fermato a Eboli* (7ª ed.).
41 Rea, *Gesú, fate luce.*
42 Tornabuoni, *'90 al cinema.*
43 Gino & Michele - Molinari, *Anche le formiche nel loro piccolo s'incazzano* (18ª ed.).
44 Balzac, *Splendori e miserie delle cortigiane.*
45 Proust, *Contro Sainte-Beuve.*
Proust, *Alla ricerca del tempo perduto*:
46 *La strada di Swann* (2 volumi).
47 *All'ombra delle fanciulle in fiore* (3 volumi).
48 *I Guermantes* (3 volumi).
49 *Sodoma e Gomorra* (2 volumi).
50 *La prigioniera* (2 volumi).

51 *Albertine scomparsa.*
52 *Il tempo ritrovato* (2 volumi).
53 *I Vangeli* nella traduzione di Niccolò Tommaseo. A cura di Cesare Angelini.
54 *Atti degli Apostoli.* A cura di Cesare Angelini.
55 Holl, *Gesú in cattiva compagnia.*
56 Volponi, *Memoriale* (2ª ed.).
57 Levi (Primo), *La chiave a stella* (4ª ed.).
58 Volponi, *Le mosche del capitale* (2ª ed.).
59 Levi (Primo), *I sommersi e i salvati* (5ª ed.).
60 *I padri fondatori. Da Jahvè a Voltaire.*
61 Poe, *Auguste Dupin investigatore e altre storie.*
62 Soriano, *Triste, solitario y final* (3ª ed.).
63 Dürrenmatt, *Un requiem per il romanzo giallo. La promessa. La panne* (3ª ed.).
64 Biasion, *Sagapò* (3ª ed.).
65 Fenoglio, *Primavera di bellezza* (2ª ed.).
66 Rimanelli, *Tiro al piccione.*
67 Soavi, *Un banco di nebbia.*
68 Conte, *Gli Slavi* (3ª ed.).
69 Schulz, *Le botteghe color cannella.*
70 Serge, *L'Anno primo della rivoluzione russa.*
71 Ripellino, *Praga magica* (6ª ed.).
72 Vasari, *Le vite de' piú eccellenti architetti, pittori, et scultori italiani, da Cimabue insino a' tempi nostri.* A cura di Luciano Bellosi e Aldo Rossi (2 volumi) (2ª ed.).
73 Amado, *Gabriella garofano e cannella* (6ª ed.).
74 Lane, *Storia di Venezia* (2ª ed.).
75 *Tirature '91.* A cura di Vittorio Spinazzola.
76 Tornabuoni, *'91 al cinema.*
77 Ramondino-Müller, *Dadapolis.*
78 De Filippo, *Tre commedie* (2ª ed.).
79 Milano, *Storia degli ebrei in Italia* (3ª ed.).
80 Todorov, *La conquista dell'America* (5ª ed.).
81 Melville, *Billy Budd e altri racconti.*
82 Yourcenar, *Care memorie* (6ª ed.).
83 Murasaki, *Storia di Genji. Il principe splendente* (2 volumi).
84 Jullian, *Oscar Wilde.*
85 Brontë, *Cime tempestose* (3ª ed.).
86 Andersen, *Fiabe* (3ª ed.).
87 Harris, *Buono da mangiare* (3ª ed.).
88 Mann, *I Buddenbrook* (4ª ed.).
89 Yourcenar, *Archivi del Nord* (6ª ed.).
90 Prescott, *La Conquista del Messico* (2ª ed.).
91 *Beowulf* (3ª ed.).
92 Stajano, *Il sovversivo. L'Italia nichilista.*
93 Vassalli, *La chimera* (7ª ed.).
94 *Le meraviglie del possibile. Antologia della fantascienza* (4ª ed.).
95 Vargas Llosa, *La guerra della fine del mondo* (2ª ed.).
96 Levi (Primo), *Se non ora, quando?* (3ª ed.).
97 Vaillant, *La civiltà azteca* (3ª ed.).
98 Amado, *Jubiabá* (2ª ed.).
99 Boccaccio, *Decameron* (2 volumi) (3ª ed.).
100 Ghirelli, *Storia di Napoli.*
101 Volponi, *La strada per Roma* (3ª ed.).
102 McEwan, *Bambini nel tempo* (3ª ed.).
103 Cooper, *L'ultimo dei Mohicani* (2ª ed.).
104 Petrarca, *Canzoniere* (2ª ed.).
105 Yourcenar, *Quoi? L'Éternité* (3ª ed.).
106 Brecht, *Poesie* (2ª ed.).
107 Ben Jelloun, *Creatura di sabbia* (3ª ed.).
108 Pevsner, Fleming, Honour, *Dizionario di architettura* (3ª ed.).
109 James, *Racconti di fantasmi* (4ª ed.).
110 Grimm, *Fiabe* (4ª ed.).
111 *L'arte della cucina in Italia.* A cura di Emilio Faccioli.
112 Keller, *Enrico il Verde.*
113 Maltese, *Storia dell'arte in Italia 1785-1943.*
114 Ben Jelloun, *Notte fatale* (2ª ed.).
115 Fruttero-Lucentini, *Il quarto libro della fantascienza* (2ª ed.).
116 Ariosto, *Orlando furioso* (2 volumi) (2ª ed.).
117 Boff, *La teologia, la Chiesa, i poveri.*

118 Pirandello, *Sei personaggi in cerca d'autore* (2ª ed.).
119 James, *Ritratto di signora* (3ª ed.).
120 Abulafia, *Federico II* (3ª ed.).
121 Dostoevskij, *Delitto e castigo* (4ª ed.).
122 Masters, *Antologia di Spoon River* (4ª ed.).
123 Verga, *Mastro-don Gesualdo* (2ª ed.).
124 Ostrogorsky, *Storia dell'impero bizantino* (3ª ed.).
125 Beauvoir (de), *I Mandarini* (3ª ed.).
126 Yourcenar, *Come l'acqua che scorre* (3ª ed.).
127 Tasso, *Gerusalemme liberata* (2ª ed.).
128 Dostoevskij, *I fratelli Karamazov* (2ª ed.).
129 Honour, *Neoclassicismo* (2ª ed.).
130 De Felice, *Storia degli ebrei italiani* (2ª ed.).
131 Goldoni, *Memorie* (2ª ed.).
132 Stendhal, *Il rosso e il nero* (3ª ed.).
133 Runciman, *Storia delle crociate* (2 volumi) (2ª ed.).
134 Balzac (de), *La Fille aux yeux d'or* (Serie bilingue).
135 Mann, *Tonio Kröger* (Serie bilingue) (2ª ed.).
136 Joyce, *The Dead* (Serie bilingue).
137 *Poesia italiana del Novecento*. A cura di Edoardo Sanguineti (2 volumi) (2ª ed.).
138 Ellison, *Uomo invisibile*.
139 Rabelais, *Gargantua e Pantagruele* (2ª ed.).
140 Savigneau, *Marguerite Yourcenar* (2ª ed.).
141 Scholem, *Le grandi correnti della mistica ebraica* (2ª ed.).
142 Wittkower, *Arte e architettura in Italia, 1600-1750* (3ª ed.).
143 Revelli, *La guerra dei poveri* (2ª ed.).
144 Tolstoj, *Anna Karenina* (2ª ed.).
145 *Storie di fantasmi*. A cura di Fruttero e Lucentini (2ª ed.).
146 Foucault, *Sorvegliare e punire* (2ª ed.).
147 Truffaut, *Autoritratto*.
148 Maupassant (de), *Racconti dell'incubo* (2ª ed.).
149 Dickens, *David Copperfield*.
150 Pirandello, *Il fu Mattia Pascal* (2ª ed.).
151 Isherwood, *Mr Norris se ne va*.
152 Zevi, *Saper vedere l'architettura* (3ª ed.).
153 Yourcenar, *Pellegrina e straniera* (2ª ed.).
154 Soriano, *Mai piú pene né oblio. Quartieri d'inverno*.
155 Yates, *L'arte della memoria* (2ª ed.).
156 Pasolini, *Petrolio* (2ª ed.).
157 Conrad, *The Shadow-Line* (Serie bilingue) (2ª ed.).
158 Stendhal, *L'Abbesse de Castro* (Serie bilingue).
159 Monelli, *Roma 1943*.
160 Mila, *Breve storia della musica* (2ª ed.).
161 Whitman, *Foglie d'erba* (2ª ed.).
162 Rigoni Stern, *Storia di Tönle. L'anno della vittoria* (2ª ed.).
163 Partner, *I Templari* (3ª ed.).
164 Kawabata, *Bellezza e tristezza* (2ª ed.).
165 Carpi, *Diario di Gusen*.
166 Perodi, *Fiabe fantastiche* (2ª ed.).
167 *La scultura raccontata da Rudolf Wittkower*.
168 N. Ginzburg, *Cinque romanzi brevi* (2ª ed.).
169 Leopardi, *Canti* (2ª ed.).
170 Fellini, *Fare un film*.
171 Pirandello, *Novelle*.
172 Publio Ovidio Nasone, *Metamorfosi* (2ª ed.).
173 *Il sogno della Camera Rossa. Romanzo cinese del secolo XVIII* (2ª ed.).
174 Dostoevskij, *I demoni* (3ª ed.).
175 Yourcenar, *Il Tempo, grande scultore* (2ª ed.).
176 Vassalli, *Marco e Mattio*.
177 Barthes, *Miti d'oggi* (2ª ed.).
178 Hoffmann, *Racconti notturni*.
179 Fenoglio, *Il partigiano Johnny* (2ª ed.).
180 Ishiguro, *Quel che resta del giorno* (5ª ed.).
181 Cervantes, *Don Chisciotte della Mancia*.

182 O'Connor, *Il cielo è dei violenti*.
183 Gambetta, *La mafia siciliana*.
184 Brecht, *Leben des Galilei* (Serie bilingue) (2ª ed.).
185 Melville, *Bartleby, the Scrivener* (Serie bilingue).
186 Vercors, *Le silence de la mer* (Serie bilingue).
187 «*Una frase, un rigo appena*». *Racconti brevi e brevissimi*.
188 Queneau, *Zazie nel metró* (2ª ed).
189 Tournier, *Venerdí o il limbo del Pacifico*.
190 Viganò, *L'Agnese va a morire*.
191 Dostoevskij, *L'idiota* (3ª ed.).
192 Shakespeare, *I capolavori*. Volume primo.
193 Shakespeare, *I capolavori*. Volume secondo.
194 Allen, *Come si diventa nazisti* (2ª ed.).
195 Gramsci, *Vita attraverso le lettere* (2ª ed.).
196 Gogol', *Le anime morte* (2ª.
197 Wright, *Ragazzo negro* (2ª ed.).
198 Maupassant, *Racconti del crimine*.
199 *Lettere di condannati a morte della Resistenza italiana* (2ª ed.).
200 Mila, *Brahms e Wagner*.
201 Renard, *Pel di Carota* (2ª ed.).
202 Beccaria, *Dei delitti e delle pene*.
203 Levi (Primo), *Il sistema periodico*.
204 Ginzburg (Natalia), *La famiglia Manzoni* (2ª ed.).
205 Paumgartner, *Mozart*.
206 Adorno, *Minima moralia*.
207 Zola, *Germinale*.
208 Kieślowski-Piesiewicz, *Decalogo*.
209 Beauvoir (de), *Memorie d'una ragazza perbene*.
210 Leopardi, *Memorie e pensieri d'amore*.
211 McEwan, *Il giardino di cemento* (3ª ed.).
212 Pavese, *Racconti* (2ª ed.).
213 Sanvitale, *Madre e figlia*.
214 Jovine, *Le terre del Sacramento* (2ª ed.).
215 Ben Jelloun, *Giorno di silenzio a Tangeri* (2ª ed.).
216 Volponi, *Il pianeta irritabile*.
217 Hayes, *La ragazza della Via Flaminia*.
218 Malamud, *Il commesso*.
219 Defoe, *Fortune e sfortune della famosa Moll Flanders*.
220 Böll, *Foto di gruppo con signora*.
221 Biamonti, *Vento largo*.
222 Lovecraft, *L'orrendo richiamo*.
223 Malerba, *Storiette e Storiette tascabili*.
224 Mainardi, *Lo zoo aperto*.
225 Verne, *Il giro del mondo in ottanta giorni*.
226 Mastronardi, *Il maestro di Vigevano* (2ª ed.).
227 Vargas Llosa, *La zia Julia e lo scribacchino* (2ª ed.).
228 Rousseau, *Il contratto sociale*.
229 Mark Twain, *Le avventure di Tom Sawyer*.
230 Jung, *Il problema dell'inconscio nella psicologia moderna*.
231 Mancinelli, *Il fantasma di Mozart e altri racconti*.
232 West, *Il giorno della locusta* (2ª ed.).
233 Mark Twain, *Le avventure di Huckleberry Finn*.
234 Lodoli, *I principianti*.
235 Voltaire, *Il secolo di Luigi XIV*.
236 Thompson, *La civiltà Maja*.
237 Tolstoj, *I quattro libri di lettura*.
238 Morante, *Menzogna e sortilegio*.
239 Wittkower, *Principi architettonici nell'età dell'Umanesimo*.
240 Somerset Maugham, *Storie di spionaggio e di finzioni*.
241 *Fiabe africane*.
242 Pasolini, *Vita attraverso le lettere*.
243 Romano, *La penombra che abbiamo attraversato*.
244 Della Casa, *Galateo*.
245 Byatt, *Possessione. Una storia romantica*.
246 Strassburg, *Tristano*.
247 Ben Jelloun, *A occhi bassi*.
248 Morante, *Lo scialle andaluso*.

249 Pirandello, *Uno, nessuno e centomila*.
250 Soriano, *Un'ombra ben presto sarai*.
251 McEwan, *Cani neri*.
252 Cerami, *Un borghese piccolo piccolo*.
253 Morante, *Il mondo salvato dai ragazzini e altri poemi*.
254 Fallada, *Ognuno muore solo*.
255 Beauvoir (de), *L'età forte*.
256 Alighieri, *Rime*.
257 Macchia, *Il mito di Parigi. Saggi e motivi francesi*.
258 De Filippo, *Cantata dei giorni dispari I*.
259 Ben Jelloun, *L'amicizia*.
260 Burgess, *Un'arancia a orologeria*.
261 Stajano, *Un eroe borghese*.
262 Spinella, *Memoria della Resistenza*.
263 Foscolo, *Ultime lettere di Jacopo Ortis*.
264 Schliemann, *La scoperta di Troia*.